低耗社交

避免人际关系疲劳的秘诀

社交

[日] 梶本修身 著

陈婧 译

人民东方出版传媒
People's Oriental Publishing & Media

东方出版社
The Oriental Press

图书在版编目（CIP）数据

低耗社交：避免人际关系疲劳的秘诀 /（日）梶本修身 著；陈婧译著 . — 北京：东方出版社，2023.2
ISBN 978-7-5207-3023-5

Ⅰ.①低… Ⅱ.①梶…②陈… Ⅲ.①人际关系—通俗读物 Ⅳ.① C912.11-49

中国版本图书馆 CIP 数据核字（2022）第 192910 号

"HITO-ZUKARE" GA KIRAI NA NOU: RAKU SHITE UMAKUIKU NINGENKANKEI NO
TSUKURIKATA by Osami Kajimoto
Copyright ©Osami Kajimoto, 2017
All rights reserved.
Original Japanese edition published by Gentosha Publishing Inc.

This Simplified Chinese edition is published by arrangement with
Gentosha Publishing Inc., Tokyo in care of Tuttle-Mori Agency, Inc., Tokyo
through Hanhe International (HK) Co., Ltd.

本书中文简体字版权由汉和国际（香港）有限公司代理
中文简体字版专有权属东方出版社
著作权合同登记号 图字：01-2021-4392号

低耗社交：避免人际关系疲劳的秘诀
（DIHAO SHEJIAO: BIMIAN RENJI GUANXI PILAO DE MIJUE）

作　　者 . ［日］梶本修身
译　　者：陈　婧
责任编辑：王夕月
出　　版：东方出版社
发　　行：人民东方出版传媒有限公司
地　　址：北京市东城区朝阳门内大街 166 号
邮　　编：100010
印　　刷：华睿林（天津）印刷有限公司
版　　次：2023 年 2 月第 1 版
印　　次：2023 年 2 月第 1 次印刷
开　　本：880 毫米 ×1230 毫米　1/32
印　　张：6
字　　数：103 千字
书　　号：ISBN 978-7-5207-3023-5
定　　价：58.00 元
发行电话：（010）85924663　85924644　85924641

前言　即使擅长社交，也会产生"人际关系疲劳"

"和别人交谈，我很快乐。"

"我喜欢和大家一起喝酒，吵吵闹闹地聊天。"

平时，大家有过这样的感觉吧。

然而，是否也有人会在快乐的聚会结束后，回到家里松了口气的一瞬间，突然一下子感到很累呢？

在公司里，也有这样的人：不论上下级关系，和谁关系都很好，面对第一次见面的人也能爽朗地聊天，就连接待应酬的时候也能让对方高兴，受到往来客户的好评。

不过，实际上我们已经知道，**越是善于交际的人，越容易产生"人际关系疲劳"**。

构建人际关系，活跃周围的气氛，其实这是比坐在办公桌前工作更为疲劳的事。

善于交际，也就是说，必须时常观察现场的氛围，在最合适的时间点加入交谈，对对方的话表示认同或者配合对方发笑。

"我在交谈时并没有——考虑那些事。"可能你会这么想。但是，由于我们是具有社会性的成年人，这些是我们自动且无意识进行的事——头脑中正在一刻不歇地进行着信息处理与表情管理。

人类拥有的这种叫作"社交性"的能力，是即便是高性能的电脑或 AI（人工智能）也达不到的高程度信息处理能力，也正因此，脑内的神经细胞产生了程度相当深的疲惫。

相反，我们也可以说，平时被说成不识趣，不在乎周围情况而大发雷霆的人更"不容易疲劳"。

典型的例子是，夜晚在银座一带的俱乐部里高高兴兴地逞威风的人，与为了女招待所说的只不过是纯属场面话的赞美之辞，却老老实实地感到欢喜的人，某种意义上他们是不易疲劳的幸福的人。

还有一种，类似公子哥儿等出身的社长子女，没有意识到自己在公司里被称为"裸体皇帝"（即《皇帝的新衣》里的皇帝——译者注），而是认认真真地误以为"我是个优秀的经营者""我是个出色的上司"，这样的人也不会产生"人际关系疲劳"吧。

然而，大多数人每天在生活中还是要顾全周围人，希望能巧妙地融入社会之中。

即使不在公司工作，身处 PTA（即"家长会"，日本保护青少年的非政府组织，在全国影响力很大）、身为全职妈妈、和邻居相处、跟随师傅学习技艺，一切场所都需要构建人际关系。

即使在家里，为了避开与婆婆或者儿媳的争执，也经常不得不留意吧。

抱着"想要避免纠纷"期望的人，无法从"人际关系疲劳"中逃离。人虽然会被他人治愈，但是给我们带来仿佛精力消耗殆尽一般的严重疲劳的，也是人啊。

现代，有很多人正在为人际交往的疲劳，也就是"人际关系疲劳"而烦恼。

来到由我担任院长的东京疲劳·睡眠诊所接受诊疗的患者也给我留下了这样的印象：与过度消耗身体而筋疲力尽的人相比，因为职场的上司同事、社交网络上的朋友等产生的人际关系疲劳正在激增。

现在即使说"当下的疲劳大半是人际关系疲劳"也不过分。

那么，有没有"能够避免人际关系疲劳，更轻松地与人打交道的方法"呢？

实际上，有。

我想在这本书中以科学根据为基础，传授给大家从疲劳的最新研究中发现的"避免人际关系疲劳的秘诀"。

目
录

第二章 低耗社交的基础

第三章 建立边界，避免"人际关系疲劳"

第四章　向搞笑天才学到的交流秘籍

第五章 **用 60% 的努力达到 80% 的效果的工作记忆**

/ 第一章 /

每天精疲力竭的原因，更多是在于"人际关系疲劳"

"疲劳"究竟是什么？

"人际关系疲劳"，与身体的疲劳不一样吗？

所谓疲劳，究竟是什么样的状态呢？

日本堪称"疲劳大国"，许多人在日常中都会感受到疲劳。

根据文部科学省的疲劳研究班（我也曾服务于这个组织）在2004年进行的流行病学调查，我们得知**日本人中约有60%的人有疲劳的感受**。而且，调查还显示，有接近40%的人是"疲劳持续了半年以上，正为此烦恼"。

感到疲劳却还一直在拼命的话，最极端的情况就是过劳死。

"过劳死"一词的罗马字母写法是"KAROSHI"，这个日语词语直接被用作英语广为传播，是件令人遗憾的事。

与 "SUSHI"（寿司）"MOTTAINAI"（太可惜） 等一样，英文中没有对应的译词，这是因为它们只来自日本文化吧。

从 2002 年开始，厚生劳动省发表了 "过劳死等劳动者灾害补偿状况" 的统计资料。其中登载了因过劳死、工作过重患心脑疾病、工作压力患抑郁症等疾病的人的实际数量。

根据 2016 年度发表的资料，有 429 人（心脑疾病引发死亡的人数为 253 人，精神障碍导致自杀的人数为 176 人） 的死亡原因被认定是过劳。

而且，由于这个数字是基于劳动者灾害补偿申请的件数和批准支付补偿的件数得来的，实际上毫无疑问有更多的人受到疲劳的折磨而身心健康受损。

致命程度的 "疲劳" 是日本的深刻问题。但是，**疲劳在身体的什么部位，形成了什么样的状态，其科学机制我们几乎还未能得知**。

认为 "因为工作或者运动要消耗能量，所以身体会疲劳" 的人有很多。从事过体育运动的人，也许会相信 "进行剧烈的运动，肌肉中乳酸会累积，因为乳酸是导致疲劳的物质，所以身体就会疲累"这种观点。

然而，身体由于能量不足而无法继续活动这种事，在日常生活中几乎不会发生。

而且，如今医学上已经否定了乳酸是疲劳物质这种说法。乳酸不仅不是疲劳物质或者老废物质，还是使肌肉从疲劳中恢复过来的有用的物质，也是能量的源泉，这一点已经被科学证实了。

疲劳的不是身体而是大脑

　　长时间的游泳或者在烈日下打网球，诸如此类的运动身体确实会感到疲惫不堪。

　　但是，根据我们的研究，即使对身体施加 4 小时运动量的负荷，也基本不会对肌肉、肝脏等内脏组织造成影响。

　　也就是说，运动对身体造成的负担，并不至于像想象中那样给身体带来严重影响。

　　那么，为什么人还会感到疲劳呢？

　　答案是**大脑疲劳了**。详细来说，就是**一切疲劳的原因都在于大脑的"自主神经中枢"**。

　　例如，进行慢跑时，过了几秒钟之后心率就会上升，呼吸也会增快。身体为了抑制体温的上升，还会出汗。

像这样人体内自动地、以秒为单位地进行以上调控的部位是自主神经，其中枢是名为"下丘脑"和"前扣带回"的部分。

如果运动得更为剧烈，这个"自主神经中枢"要处理的工作量就会增加。

慢跑这种低强度的运动，几乎不会使肌肉受到损害。然而，大脑的自主神经中枢一刻不停地通过奔跑的速度、道路的倾斜度等运算身体承受的负荷，对心率、呼吸、体温等进行调整，它在全力运转。

其结果就是自主神经细胞产生了**活性氧**。细胞处于活跃状态的时候，是使用呼吸进来的氧气燃烧营养物质供能的，尽管所需的氧气数量很少，也必然会产生活性氧。

活性氧具有强大的氧化作用，**脑细胞置身于氧化环境之下，细胞就像生了锈，最终自主神经原本的功能就无法运行了。**

这是运动时身体会产生疲劳的真面目。

活性氧也因其强大的氧化作用，承担着消灭侵入体内的病毒与细菌的重要职责，所以，活性氧并不是彻头彻尾的坏蛋。

但是，一旦体内由于细胞全面运转而出现活性氧过剩的情况，细胞就会在氧化的作用下生锈——也是难以两全的境况。

日常运动中，肌肉细胞以平常的强度适当活动，并不会产生多少过剩的活性氧。

然而，在全力运转的大脑自主神经中枢那里，大量的氧被消耗，相应也产生了大量活性氧，这部分的脑细胞就受到了损害。

日常生活中，我们会说"今天会议连轴转，我已经精疲力竭了""开了一整天的车，我彻底累坏了"，等等。尽管并没有过度地调动肌肉，人却感受到了强烈的疲劳，大家对此应该有体会吧。

现在大家可以明白：**即使身体没怎么活动，也会产生疲劳，这是因为大脑疲劳了。**

"好烦啊"是脑疲劳最初的信号

　　就像在办公室里处理工作一样，承受精神上的负荷的时候，大脑本身会疲惫。

　　大脑是由一千几百亿个神经细胞组成的器官，大致分为"大脑""小脑""脑干"3 个区域。

　　其中，掌管"说话""处理信息""记忆""学习""思考"等高级功能的是大脑。

　　工作的时候，大脑全力运转，处理着大量的信息，因此这部分的神经细胞很容易生锈。

　　在办公室里一直面对电脑工作，就相当于持续反复使用大脑特定的神经回路，这个部分的神经细胞身处氧化压力之下，就会变得疲惫。

"继续使用这些神经细胞的话，最后会生锈的哟。"这样的信号，表现在情绪上就是"厌烦"这种感觉。

"开始感到烦了"，这是大脑变得疲劳、信息处理能力濒临极限的信号。若能根据这个规律，养成在厌烦之前休息、转换情绪，改做其他的事情的习惯，就能更高效地完成工作了。

大脑区域一旦变得疲惫，周围其他部分的神经细胞就会代偿性地工作。大脑具有将疲劳分散开来的能力。

然而，脑干——构成自主神经中枢的下丘脑与在左右大脑半球之间传递信号的前扣带回这些部位——的周围，没有可代替它们工作的物质。也就是说，脑干是脑中最容易产生疲劳的部位。

自主神经是调控呼吸、消化吸收、血液循环、体温等与生存息息相关的功能的神经。我们的脏器、皮肤、血管、汗腺等几乎所有的器官都处于自主神经 24 小时一刻也不停歇的控制之下。

自主神经里，既有提高心率、血压、体温等保持身体活跃的"交感神经"，也有让身体安静休息的"副交感神经"；两种神经一方工作的时候，另一方在休息，二者保持着平衡，同时也在一定范围内保护着体内的环境。

剧烈运动时产生的疲劳并不是肌肉本身的疲劳，而是自主神经疲劳的蓄积，发出了"就到此为止，不要再运动下去了"的信号，在感觉上就好像产生了肌肉疲劳一样。

因此，请把它理解为人体的警报，"开始烦了"是黄色信号，"好累啊"是红色信号。

请试着回忆一下疲劳积压时的症状。

头痛，眩晕，面红耳赤，耳鸣，感到声音、响声很遥远，平衡感变差脚下摇摇晃晃，血压波动……大家是不是有过这样的经验？疲劳蓄积时这样的症状，就是自主神经失调症的症状。

总之，因为疲劳而出现的大部分症状，与自主神经在压力之下受到损害的症状是相同的。

疲劳蓄积的状态持续下去的话，就会导致自主神经失常，因此，**睡眠质量会下降，抑郁症状会开始出现，心率的控制会出现障碍，患上心肌梗死等疾病的风险也会升高**。

会过劳死的动物只有人类

我想让大家注意的是，"疲劳"与"疲劳感"是完全不同的现象。

例如，试着想象一下"虽然因为加班而长时间伏案工作，但是策划方案获得了成功，得到了上司的认可"和"第一次跑完了全程马拉松"之类的时刻吧。

这时虽然疲劳蓄积了下来，但是成就感也格外强烈，许多人不是也感到"疲劳感一扫而光了"吗？

实际情况是：尽管真的很疲劳了，大脑却感受不到疲劳感。也就是说，虽然可以用数值清楚地表示出生理上的、物理上的疲劳，但是主观上没有形成疲劳感。这种情况并不罕见。

之前我说过"开始烦了"是身体的黄色信号，"好累啊"是红色信号，疲劳感本来就是人体生物警报的一种。

但是，在本已经相当疲劳的时候却觉得"疲劳感一扫而光"，也就是**生物警报不起作用了**。

这种现象的原因在于，人类拥有其他动物都不具备的非常发达的额叶。

额叶是意愿与成就感的中枢，同时收集自主神经中枢疲劳这一信息，通过产生疲劳感而使人对疲劳有所察觉的眶额区也在这里。

由于额叶的发达，人类可以通过意愿或成就感，将眶额区发出的生物警报掩藏起来。

这就产生了"隐性疲劳"，从专业上来说叫作"疲劳感的掩蔽"。它是"身体已经疲劳却感受不到疲劳的状态"，蓄积下去的话会非常危险。

无论是工作还是学习，我们能够废寝忘食地埋头苦干，都要归功于发达的额叶，因为此时意愿与成就感优先于疲劳感。

其他额叶小的动物，就不会发生这种情况。例如追赶猎物的狮子，眶额区一发出疲劳感的警报，无论肚子多饿，它都会中止捕猎。因为此时它的疲劳感优先于意愿和成就感。

因此，会过劳死的动物地球上只有　种：人类。

我们也在从事过劳死的研究，目前已经知道，平时在工作上享受工作价值和成就感的人，期待来自上司和同事的赞赏、升迁，他们**越是兴致勃勃地工作的时候，过劳死的风险就越高。**

运动也是一样，进行艰辛的训练时，脑内会分泌出"内啡肽""内因性大麻素"这种消灭疲劳感和疼痛的物质，疲劳感的掩蔽就此发生。

所谓的"脑内麻药"出现了之后，人就会体会到过度的幸福感和快感，此时如果继续运动，掌管着心率、呼吸、体温调节的自主神经的疲劳就会蓄积下来，所以这是非常危险的状况。

"因为工作而精疲力竭"的你，其实是为人际关系而疲劳！

我原本是精神科医生，一直专攻精神生理学这一领域。

其中，我也把"脑疲劳"作为研究主题，尤其是我正亲自负责的一个项目，它将疲劳定量化，用数字来表示，取代"疲劳感"这种的含糊不清的描述。

致力于研究"脑疲劳"之前，我虽然研究过是否能将"脑的老化"定量化，但是在调查因年龄增长而引起的大脑变化的时候，遇到了令我困扰的问题。

每天都在测量同一个人的大脑状态，按理说从测量数据应该能推导出同一个年龄来，但是每一次推导结果都有偏差。我调查了一下产生这种偏差的原因，发现根源其实在于"脑疲劳"。

想要测出大脑年龄，即大脑的老化指数的时候，因疲劳而引起的数据偏差构成了干扰，是研究的绊脚石，但实际上对于我们来说它不也具有价值吗？我注意到了这一点。

开发任天堂 DS 的《头脑扫描》这一软件的时候，有一项任务是在评估大脑年龄的同时也显示出大脑疲劳程度，我所做的研究促成了这个任务的完成。

易于定量化的疲劳，是被称为"精神劳动"的案头工作所引起的疲劳。

这个实验是请实验对象进行聚精会神地誊写文章、漫不经心地解简单的计算题等活动，监测激素、蛋白质等各种各样的生理指标的物质水平，作出测定。

在 2016 年春天出版的《脑是一切疲劳的原因》（集英社）中，基于科学实验的依据，我对"何为疲劳"进行了科学的说明，因此，对此有兴趣的人如果能去读一读，则是我的荣幸。

另一方面，由人际关系引起的疲劳，就属于通常所说的"心理压力"那样的负担，它是很难被定量化的。若想观测心理压力对各种生物指标的影响，是没办法向实验对象施加同样等级的心理负荷的。即使施压的内容相同，承受一方的耐受情况基本上也是随时变化的。

举个极端的例子，亲人去世的时候，大部分人会很悲痛，但也有人会因为遗产就要到手了而感到欢喜，也有人觉得从看护中解脱了，松了一口气。形形色色的情感混杂在一起的情况也不少见。

在监测案头工作对大脑影响的数据时，只要统一工作内容，每个人就会被施与同等的负荷；但在监测人际关系造成的压力上这种方法是行不通的。

压力带来的刺激，也会因承压时的感受方式因人而异而大为不同，所以给予不同的个体相同的心理压力很困难，生理学上的临床试验也是很难做到的。

但是，实际上许多人正在因为人际关系而疲劳。

甚至可以说，造访我诊所的患者中超过半数，疲劳的原因是由人际关系引起的心理压力。

认为自己是"因为工作而精疲力竭"的人实际上也有产生"人际关系疲劳"的可能性。

加班导致的长时间工作，当然也会引起大脑疲劳，但与上司或客户的人际交往则可能使疲劳倍增。

疲劳是慢性疾病的诱因

心理压力使自主神经疲惫不堪，这一点，大家是否都了解了呢？

对于许多人而言，或许是第一次听到"运动（既包含身体上的运动，也包含案头工作那样脑力上的运动）导致的疲劳，是由于大脑疲劳了"这种观点，不过正如我之前所说明的，从自主神经中枢疲惫不堪这一点来看，二者是一样的。

正如外部的气温发生变化，人体的体温也会保持稳定一样，我们的身体，具备即使内外环境发生了变化，也能稳定住适合维持生命的体内环境的能力，它被称作"**体内平衡（恒常性）**"。

体内平衡能力能发挥功能，是由于神经系统、内分泌系统、免疫系统这些机制在相互起作用。

身体内外环境发生变化的时候，头一个起作用的是神经系统。

例如，气温低身体就会发抖。这么做，一方面是为了通过肌肉发抖来让身体发热，另一方面是为了让血管收缩以防止体温流失。人一穿上衣服，打开供暖设备，发抖就会停止。

如果一直让自主神经承受着疲劳或压力带来的负担，对其置之不理，会怎么样呢？持续几天，就会出现自主神经失调症这样的症状。这也是体内平衡敲响了警钟的状态。

接下来会受到影响的就是内分泌系统。所谓内分泌系统，就是激素——由体内各个器官产生的化学物质推动特定的细胞发挥作用的系统，虽然与神经系统相比它的反应速度较慢，但在持续性与确实性上它的表现更为显著。

疲劳与压力长期化之后，遵循脑部发出的指令，肾上腺皮质这一器官就会分泌出"类固醇激素"。

这种激素能起到停止对外界刺激的勉强反抗以节约能量消耗的作用。这是防止徒劳抵抗消耗了能量，以致疲劳日益严重，以及在状况好转的时候做好防备的功能。

但问题在于，类固醇激素大量分泌，会使血管老化，加大了动脉硬化的风险，还会引发使胰岛素（降低血糖的激素）效力变差的"胰岛素抵抗性"，导致患上糖尿病。

总而言之，**疲劳会成为慢性病的诱因。**

长期的疲劳，其影响甚至会波及免疫系统。正如大家所知道的，发现外部侵入的细菌、病毒等敌人并发动攻击的正是免疫系统。

不仅仅是从外部侵入的敌人，发现癌细胞的萌芽并将其清除，也是免疫系统的重要职责。

我们的身体，据说每天会产生多达 5000 个癌细胞，免疫系统最先发现了它们，并发动攻击，努力阻止癌的发展。

在疲劳与压力慢性化的状态下，免疫系统疲惫不堪，**对癌的防御力减弱了。**前面所说的类固醇激素的分泌，也有降低免疫力的作用。

"卖力工作的能干的前辈，50 多岁就倒下了。""即将退休却因为癌症去世了。"诸如此类的例子，有很多人耳闻目睹过吧。即使不是所谓的过劳死，疲劳蓄积与中老年时期健康休戚相关这一点也是确凿无疑的。

包含心理压力在内，**如何处理才能不让大脑疲劳，以及能否**

做到即使疲劳了也在早期就恢复以防止脑疲劳蓄积，都不是仅仅关系到眼前这一两天的问题。它们也会对将来年岁增长之后的健康状态产生巨大的影响。

疲劳使大脑衰老

无论是因为身体活动，还是由于心理压力，大脑疲劳一旦蓄积下来，就会变得很难恢复，大脑的老化会逐渐加重。

如果试着用皮肤受到的日晒来比喻，就很容易想象了。

暴露在日光中的紫外线之下，皮肤会受到损害而变红，或者马上变黑。若是短时间的日晒，皮肤还能恢复到原来的状态，尤其是年轻的时候，恢复力很强。

但是，如果反复被晒黑，皮肤受到的损害还没有恢复，就再度暴露在紫外线之下，晒黑就不是一过性的事了。

随着年龄增长，皮肤的恢复力也下降了，形成了无法恢复的雀斑、皱纹，也就是皮肤的老化。

同样的情况在脑部也发生着，如果在睡眠等休养行为上疏忽大意，大脑疲劳就会蓄积下来。

被置身于氧化压力之下的脑部神经细胞，通常会通过休息来恢复，而还没有休息就再度承受了氧化压力的情况如果持续下去，自然就会与老化的皮肤上生出雀斑或皱纹一样，大脑也会日益老化下去。

而且，大脑比皮肤等其他器官更容易蓄积疲劳。

因为一般器官的老化细胞能够通过细胞分裂新陈代谢再转化生成新的细胞；而成人的大脑神经细胞，已经停止细胞分裂了。

根据最近的研究，我们得知一部分神经细胞在我们长成大人后也能再生，但大部分的神经细胞不会。也就是说，疲劳的蓄积不可逆转地导致神经细胞受损，因此会导致大脑衰老。

可以说，大脑正在老化的人与保持蓬勃朝气的人的差别，就在于他们是否把大脑疲劳积攒下来。

为人际关系劳神而精疲力竭，上了岁数以后，很可能会导致认知功能的下降。为了避免这样的后果，**及时地消除疲劳，努力避免疲劳的积攒**，这一点很重要。

使用"大脑偷工减料法"，用 60% 的努力完成 80% 的任务

正如本书开头所说的，现在许多人都在为人际关系与人际交往的疲劳而烦恼。

人际交往在社会生活上是绝对必需的要素，是不能逃避的。虽说如此，还是不想每天晚上回到家的状态都是叹着气，说"好累啊"。如果心理上持续承受着压力，大脑疲劳就会积攒下来。

要是不再为人际交往感受到压力，那就好了。

那么，该怎么做才好呢？

答案是不给自己的精神、心理施加负荷。对此，使用"大脑偷工减料法"就可以了。总而言之，这是个如何在人际交往上偷

工减料的问题。

后面我们会触及这个话题，世界上真的有擅长人际交往、丝毫不为此痛苦，并且不觉得疲劳的"天才"。不过，这样的人是极少数；而有的人尽管不是"天才"，却也能巧妙轻松地处理人际交往事务。

我们的目标是，"用 60% 的努力，发挥 80% 的效果"。

很明显，"出 100% 的力获得 100% 的成果"是理想的、了不起的事。然而，对于付出 100% 的努力，从脑神经科学的角度来看，人的注意力不可能维持很长的时间。

据说，保持 100% 的集中精力的时间极限是 2 秒钟。棒球场上，投手从摆好姿势到投掷出去之间的时间如果超过了 2 秒钟甚至更多，大部分的击球员就会要求暂停，离开击球区。因为 100% 地集中精力，维持不了那么长时间。

即便是工作、驾驶、授课等精神轻度紧张的活动，顶多持续 1 小时就是人的极限了。学校的授课是 45 分钟一节课，驾驶则推荐每 1 小时休息一次，原因都在于此。

顺便说一下，有些大学的授课时长是 90 分钟一节课，绝不是因为大学生能比小学生维持更长时间的高度集中状态。只不过是因为大学生比小孩子更能够巧妙地做到偷工减料而已，即处理好"紧张与缓和"的更替和"注意力的分配"。

更重要的是，使用 100% 的注意力，在社会生活方面，不是那么必要。如果理解了事物"需要掌握的重点"，那么还是"用 60% 的努力，获得 80% 的成果"这种行为更为高效。实际上这不是多么难的事。

不仅限于工作，在与人的交流上，这个办法也适用。处事游刃有余的人，人际关系疲劳的程度也很轻。

关于"游刃有余地处理人际交往的方法"，下一章开始将加入大脑疲劳的研究成果，介绍给大家。

第一章的要点

□ **一切疲劳的原因都在于大脑自主神经**

即使运动了 4 小时，对身体肌肉和脏器也基本没有什么损害。

□ **要注意"好烦啊"**

大脑疲劳最初的信号是"厌烦"。

通过提早休息、转换情绪来提高工作效率。

□ **"疲劳"与"疲劳感"不一样**

成就感所导致的"隐性疲劳"一旦积压下来就非常危险！

□ **过劳死真的很可怕**

越是在工作上感受到价值和成就感的人，过劳死的风险就越高。

□ 疲劳是慢性病与癌症的诱因

如果对大脑疲劳置之不理，就会影响到将来的健康。

□ 及时地消除疲劳

大脑疲劳一旦积压下来就会很难恢复，大脑衰老日益严重。

□ 没必要付出 100% 的精力

使用"大脑偷工减料法"巧妙地处理事务和人际关系，可以避免疲劳。

／ 第二章 ／

低耗社交的基础

试着成为"善于倾听者"

无论是在学校还是公司，积极地与人打交道和擅长人际交往的人，往往会备受赞扬。为此，作为"我不擅长与人交流"的人，常常无论如何也要勉为其难。

在"不擅长人际交往"的情况下，**抱有"不知道该说什么好"的烦恼的人有很多吧？**

一边想着"必须说点什么""想要活跃交谈氛围，让对方喜欢上自己"而探寻话题，一边窘迫地展开交谈，这样的确可能会精神疲惫。

正如上一章所说的，如果努力地刻意交谈，大脑就会疲惫不堪，回到家里的时候自然就会突然感到疲劳了。

为了实现不疲劳的交流，我想建议你们采用的第一个基础技能，是"成为善于倾听者"。一般认为，**仅需对对方说的话"点点头"，就能完成七成的交流，**所以这是非常高效的方法。

成为善于倾听者的好处，首先在于**给自己预留了充足的时间。**

由于有了思考对方所说内容与对方想表达什么的时间，也就能判断出哪里有趣。

在有趣之处大力点头，对方就会感受到极大的满足，因此，即使几乎没有说话，也能出色地完成交流。

而且，有时鹦鹉学舌般重复对方的发言，站在对方的立场来看，会觉得"这个人在认真地听我说"，因此会有极大的满足感。

高级俱乐部就是应用这种技巧的典型。对于自己所说的话，如果对方给出了"是这样呀！好厉害"的回应，客人便心满意足，花上数万日元之后再回去。

拥有一定社会地位的人也好，没什么社会地位的人也好；有钱人也好，没钱人也好，有人倾听自己说话，都会感到心情舒畅，都喜欢听别人说"原来如此""好厉害"这样的话。

没有必要特意说奉承话。只要能够表现出兴趣浓厚的样子倾听对方说话，遇到有趣之处就点点头，那么你也能加入"善于倾听者"的行列。

这么做，也是在自己心中源源不断地积累对方的信息，下一次见面的时候就能够拓展、深挖话题，可谓一石二鸟。

展示弱点表示双方建立了信任

做到让交谈对象心情愉快，还有一大意义：提高交谈时说出一般情况下不会说的事的可能性。也就是说，对方会**将自己的弱点或隐藏的部分也展示给你看**。

当能诱发出对方不轻易对外展示的一面时，对方就会不可思议地深信"这个人是可信任的"。

而且，面对交谈对象时秉持着"我信任你"的态度，就会对此产生反应，同样也抱持着"我信任你"的感情了。

对说话者而言，如果倾听者给出的反应是"真厉害呢""这话真有趣""见到你真是太好了"等，他们就会对倾听者产生出"能和你说话，真是太好了"这样的想法。

因为对倾听者产生了信任，所以说话者会进一步暴露出自己的秘密。倾听者也会抱有"他是因为信任我，所以连这个都说给我听"的好感吧。

这样一来，由于倾听者对说话者也抱有好感，双方就会进一步说出各种各样的事来……良性循环就开始了。

这种良性循环形成之后，说话的人就会不断地展示出自己的弱点。尽管会变成如同豁出去一样的状态，但对于正在倾听的人的信任却就此产生了。也就是说，虽然展示出的是自己的弱点，但也正是信任对方的表现。

这么一来，倾听者一方就会非常轻松。因为，一听到你说出"原来如此""是这样呀""好厉害呢"之类的话，对方就会源源不断地说，而且还会更信任你。

"善于倾听"是交流的基础，同时也是有利于防止"人际关系疲劳"的最有效的技能。

培养"眷恋之情"，缩短与对方的距离

如果强行自来熟地缩短与对方的距离，反而会让对方产生警戒心。所以，**轻松自然地缩短距离的方法，就是让双方共同拥有"眷恋"的心理状态。**

所谓"眷恋"，是什么呢？

我想，用"爱情"作为类比来思考的话，就很容易形成关于"眷恋"的印象了。

"爱情"，即伴随着性爱的互相爱恋的感情，是不会长久地持续下去的。这一点对于动物来说是共通的，时效基本上是 3 年左右。

做出这样的断言可能会有人动怒，说："不可能！"而也有不少人会说着"这样啊""原来如此"，接受了我的观点。

这是为了留下自己的子孙所采取的生物学意义上的战略。

就是说，如果拥有的都是相同基因的孩子，环境变化的时候就有全部灭绝的风险。**每次生孩子时引进不同种类的基因，这样的策略更容易使自己的基因延续下去。**

例如，诸多后代中有抵抗饥饿能力强的孩子、抵抗传染病能力强的孩子或者战斗力强的孩子，等等。拥有不同的基因，后代整体存活下来的概率会更高。这样看来，还是每年每个繁殖期都换伴侣比较好。

不过，对于人类幼崽来说，长大成人直至能独立生存，至少要花上 14 年甚至更久。其间更换配偶的话，孩子就有被杀死的危险。为了避免发生这种情况，人们为了保证孩子能够成长到独立而立下契约，由此结婚制度诞生了。

然而，从生物学上来说，想要留下多种多样的基因的本能并未改变，所以爱情不能长久依然具有必然性。

另一方面，人类在养育孩子期间，为了能够不更换配偶而培养出了"眷恋"这种情感。"眷恋"是拥有非常深刻的联结的感情，一般认为这比其他动物所拥有的为了繁殖的爱情更重要。

我自己也经常对女儿说："比起对你抱有强烈爱意的人，还是去寻找对你眷恋很深的人吧。"因为，即使爱情冷却了，我们也还是能和对我们眷恋很深的交往对象一直交往下去。

实际上，典型的美国夫妇，一般情况下会因为相亲相爱而同床共枕，外出的时候手牵着手一起走，而这样爱情至上的美国夫妇比日本夫妇的离婚率更高，呈现出压倒性的态势，这是毫无疑问的事实。

如果说爱情是"想要生孩子"这样的感情，眷恋就是"不在一起就感到寂寞"这样的感情。不是"恋人"也不是"情人"，可以说眷恋是对"家人"所拥有的感觉吧。

让人类的心理最为安定的是，无论什么样的场合都不会变化的关系，这正是拥有眷恋之情的关系。

或许也有认为"与家人在一起是压力"的人。而一般来说，与家人在一起的时候，用不着多余的操心。

例如，乘坐新干线时，假如坐在邻座的是你刚开始交往的恋人，在从东京到大阪的这段时间里，只要对方闷声不响保持沉默，你就会感到不安吧。不过，如果坐在旁边的是家人，即使没有对话，你也不会介意。

如果单独与其共处一室的话……一展开这样的想象，"家人""恋人""他人"之间的差异就会变得更加显著。

虽说是与家人在一起，但不能说全然没有忧虑或压力；不过，至少比起与陌生人在一起，我们能更安心，也会更轻松。

总之，形成能够共同拥有眷恋之情这样的关系，是在人际关系上减轻压力的最好方法。

通过互相展现"软弱"有助于产生眷恋之情

要与他人构筑共同拥有的眷恋之情，该怎么做才好呢？

其实无须特别的才能。只要掌握了诀窍，**无论是谁都能构筑起共同拥有眷恋之情的人际关系**。

首先，如之前所说，成为"善于倾听者"，是培养眷恋之情的契机。

成为善于倾听者，把对方的话源源不断地激发出来，对方就更容易将平时隐藏起来的软弱展现给你看。这样一来，对方就会自然进入信任你的状态。

而且，为了高效地激发出对方向你展示"软弱"，还有一个很有效的方法。

那就是**"自己也向对方展现软弱"**。

这就是"与对方分享软弱""对软弱产生共鸣"这样的行为。在家人之间，正因为共同经历了对方的软弱之处、狡猾之处、肮脏之处等不给外人看到的一切，才产生了眷恋之情。

因此，与家人在一起时，即使赤身裸体也不会在意，即使放屁关系也不会破裂。爱情或许会冷却，但不会仅仅因为冷却了就互相讨厌吧。

所谓"展现自己的软弱"，是营造产生眷恋之情的交流的最简单的方法。

人们经常会说"大阪的人很容易亲近""擅长交流"。这是因为**大阪人具有自我牺牲式地取笑自己的特征。**

换句话说，就是展现出自己的"软弱"（"自嘲"也是一下子缩短距离的利器。这个难度稍微高一点，我会在第四章说明）。

展现强大很费力，不仅必须逞能，也有其他很多辛苦的事吧。

与之相比，**展现软弱就不是这么难的事了。**当然，我不是说要没完没了地流露出软弱的样子。要怎么把握尺度才好呢？接下来我来说明一下。

共同的软弱之处能产生共鸣

从很早以前我就佩服杰尼斯事务所的明星们。**爱情只能维持 3 年，这一点大家都很清楚**，但他们却很擅长营造眷恋之情。

杰尼斯组合刚刚出道的时候，凭借擅长舞蹈、全员帅哥的帅气感走红，到后期则渐渐地显现出成员的个性。

现在来说的话，Kis-My-Ft2（KISMY）、Hey!Say!JUMP① 都正好处于这个阶段吧。

凭借舞台上的表演而熠熠夺目的组合初次发行了专辑，最早只是彰显帅气感。而后，成员们就开始展现出每个人的个性。

出道 3 年左右是转折关键点，这时往往有某个单个成员出类

---

① 均为杰尼斯事务所旗下的男子组合。——编者注

拔萃而声名远扬，作为独立演员参加表演。之后出演电影，为了宣传需要频繁参加综艺节目和杂志采访，开始向人展露他们的略显迟钝之处或令人意外的素颜。

这时，除了成员的帅气感，"虽然努力但结果并不完美"的情况也一起展现出来了。

例如，组合之中，有舞跳得不好的成员。他为了不落后于其他成员，自己拼命练习，摄像机记录下这样的场景，并在节目上播放。

这样一来，粉丝在这之前仅仅看见他"好帅"，而现在就会发现"虽然他不擅长这个，但他正在努力呢"，对他产生共鸣。

粉丝在明星身上看到了与自己相同的自卑感与软弱之处，和明星产生了共鸣，也就是与对方分享了软弱。

明星在综艺节目中，也并不总是只追求完美的表现，而是展示出稍微有点迟钝的地方。

例如中居正广先生有时就将歌唱得不好作为他的聊天素材，这正是他受欢迎的秘诀，也是他一直在主持界与综艺节目上大放异彩的原因吧。

保护欲能促成强烈的眷恋

当开始显现出与完美无瑕的帅气相反的软弱之处时，爱情就开始演变成眷恋。通过打造能让人产生共鸣的软弱之处和自卑的情感，本来只能维持 3 年人气的偶像，人气能持续 30 年之久。

长时间活跃的偶像团体，其辛苦成长的过程和历史也成为偶像与粉丝之间共同拥有的东西，因此眷恋之情也会变得非常坚固。

2016 年解散的 SMAP 就是这样成长为国民级偶像的。

SMAP 解散事件引发了大新闻，独立占据报纸头版。正是因为他们获得了数百万、数千万人的"眷恋"。也可以说，是他们开辟了将粉丝的爱情转变为眷恋之情的先河吧。

如果现在 SMAP 作为偶像刚刚出道开演唱会，这个平均年龄超过 40 岁的大叔组合，会有相当大的违和感吧？就连组合"岚"

成员的平均年龄也是 30 多岁了。要是放在以前的标准看，他们都是一表人才的中年大叔了。

但就是这群三四十岁的大叔，让多达数十万的粉丝展开了"演唱会门票争夺战"。

使这种场面成为现实的，是成员们表现给粉丝的软弱的地方，及他们努力成长的历史。这是与粉丝共同拥有的记忆，在粉丝心中产生了强烈的眷恋。

大学里担任我秘书的女士，是 KISMY 组合中的藤谷太辅的忠实粉丝。

她"追星"时狂热得简直令人吃惊，她从藤谷君粉丝的交流网站上得到了偶像的独家情报，据说她还知道一些令人大吃一惊的内幕情报。

但她并不会将这些情报卖给周刊杂志。

即使是偶像的丑闻，像我的秘书这样的粉丝的心理活动也是"我们来守护秘密，别让它被媒体曝光，否则偶像就太可怜了"这样，为了保护偶像，粉丝做了各种各样令人感动的努力。

由于 SMAP 的单飞、解散问题，杰尼斯事务所受到了种种批评。诚然，杰尼斯事务所确实在演艺界拥有实力，但是在管理粉丝方面，没有哪一家演艺事务所能像它一样精通了吧。

爱情不会持续，长期维持关系的是眷恋——看透了人类情感本质而取得成功的正是杰尼斯事务所。

在精神医学的领域里，**成瘾**（addict）这个词经常会被提及。

它的英文单词直译成日语，就是"使人中毒"的意思，而从日文的字词形象来看，其意思接近于"被吸引而难以离开"。眷恋也是一样。**粉丝被偶像所吸引的原因，不光是其帅气感，也包括了偶像不擅长的地方、脆弱的地方。**

努力之后的软弱是最强大的

我已经说过，展示"软弱"能有利于发展出眷恋之情，而这里有个重要的点。

对于一直都暴露出软弱的人，这一招行不通。"正在努力的人展示出的软弱"则可以。

在高中的棒球场上也是这样，光是弱小而看不出干劲儿，总是彻底失败却从不表现出惭愧模样的队伍，谁也不会支持的吧。

但是，如果有一支队伍正在拼命努力变得强大，看上去有希望胜利却怎么也赢不了，在决定胜负的重要比赛中失利了——这种时候，人们就会对它产生恻隐之心，想要为其声援。

让对方看到自己软弱的时候，也需要展示出自己正在努力的姿态。

在这个方面，杰尼斯事务所的明星正是典范。因为偶像都表现出"正在努力的状态"，所以粉丝想要声援，也能够对他的软弱产生共鸣。单单互相展示软弱之处，只是互相舔舐伤口，这样的关系是不长久的。

"努力的状态"与之前所说的"展示软弱"是否矛盾呢？或许会有人这样顾虑。不过可以确定的是，"光展示出软弱也是不行的"，这一点从人脑的运行规律来看，也是毋庸置疑的。

人脑的特征是额叶极为发达。额叶被视为主管"思考""意愿""创造性"的指挥台，它是"想要变得更好"这样的上进心的发源地。

也就是说，**没有动物像人类一样拥有上进心。**

人类时常追求进步与上进，即使在恋爱上也是一样。仅仅依靠性欲的吸引，二人的关系很快就会结束。如果一方不能满足另一方"希望更好"的愿望，爱情也不会持久。

"还是放弃吧，毫无意义。""即使拼命努力，也一无所获。"说着诸如此话的两个人，很明显不久就会分手。

更何况如果两个人不是恋爱关系，只是工作上的关系或者朋友，这种情况下事情就会很不顺利了。因为，遇到困难的时候马上就说"没办法"而放弃，只能互相舔舐伤口的话，就会拖对方的后腿了。

无论是在怎样的关系中，双方都抱有上进心，而且在现实中有追求上进的行为，才能对对方的软弱之处产生共鸣。

"知道彼此都在努力，而在这过程中一瞬间展露出的软弱"，人类对此抱有最为强烈的眷恋之情。据说，如果在此时彼此产生联结，就能建立起非常牢固的关系。

艺人西川史子的一瞬间的"软弱"

展现出"正在努力的状态"，又同时让人对自己的软弱产生共情——医生兼演艺人员西川史子在这方面是一个范例。

西川女士出生并成长于富裕家庭，学生时代在选美比赛中获奖，还出演了《恋爱的骚动》（日本 TV 系），成为医生之后，仍然作为个性强硬的演艺人员活跃于综艺节目。

这是她结婚之前的状况。尽管西川女士最初凭借傲慢的精英风格的言谈举止受到追捧，但观众渐渐也厌倦了她的冷傲感。当由此她的演艺机会减少时，西川女士寻求帮助的对象是岛田绅助。

与看上去傲慢的言行举止正相反，西川史子实际上是个性格懦弱的女子。当她决定参演人气节目《排长队的法律咨询所》（日本 TV 系）时，感受到了巨大的压力，向主持人绅助先生寻求建议。

绅助先生的建议清晰易懂：

"只有强大的一面与观众产生不了共情。必须要让人看出你强大背后的软弱。姑且不要再像之前那样做出居高临下俯视平民一样的发言了。万一嘉宾席上的哪个人一句：'尽管你这么傲慢，但你也结不了婚呀？'就很尴尬了。"

当时的西川女士还是单身。绅助先生将"**一切取决于发言之后一瞬间的表情**"这一诀窍传授给了她。

"被负责搞笑的嘉宾说'但你也结不了婚呀'的时候，要是强硬地反击，就和现在留给人的印象一样了。你要做的只是摆出**沮丧的表情**来，只一瞬间就足矣。"

因为，如果观众看到了这个"沮丧的表情"，大家就会深深地产生共情。

绅助先生给出的建议是：只需用几秒时间，对"不也结不了婚呀"这一驳斥感到窘迫，直接表露出沮丧的表情。通过这么做，观众就会对她产生"原本以为她很强硬，原来也有可爱之处"的情感。

好像咨询绅助先生成了一个转折点。

西川女士尽管态度强硬，但实际上也有弱点，这样的"弱点人设"，让她的人气超过了从前。

在这之后，虽然她经历了结婚、离婚，一直凭借"虽然刚强，实际上也有脆弱的一面"这一性格特色活跃在大众面前。

尽管现在绅助先生已经隐退了，当综艺节目中有人吐槽她的时候，我也会猜测，是不是当她主动对那个人说"因为我说话傲气，请强烈地批评我吧"，而拜托对方在节目上批评自己呢？

通常情况下，综艺节目上不方便说揭女明星短的话，而她故意先说自己说话傲气，其他人也就很容易说出来了。通过这种做法，可以展示出自己的弱点。

这就是**所谓的通过展示软弱之处获得共鸣，从而与人形成眷恋之情的技巧。**

发现了其中的秘密后，这种事没有那么难了吧。

巧妙利用对方的反应（比如批评），摆出沮丧的表情，展示出自己的软弱。不一定是由自己主动诉说软弱之处，只要让人看到自己沮丧的表情就可以了。

　　只在这种程度上展示出的软弱就足够了。而滔滔不绝地讲述自己不擅长的地方或弱点，只会让别人觉得"不行啊，他是个软弱的人"，反而不能引起共鸣。

　　因此，重要的是在努力的过程中展现出不完美之处。

因为不完美，所以喜欢

时不时有人会感到"讨厌自己"。

这时，我总是会这么说——

"对于非常喜欢的人，你是只因为他（她）的帅气之处或优点，才喜欢的吗？是不是除了好的地方之外，看见对方稍弱一点的地方，会觉得有共鸣而更加喜欢上对方吧？你不是经常会对某个人不完美的地方而感到'好可爱''我想保护你'，继而产生喜爱之情吗？"

若是过于完美，就无法让人感受到人情味，因此也就无法与人产生共鸣。

人们对完美的人即使会尊敬或憧憬，但无法产生喜爱之情。

大家回想一下自己身边遇见过的人，应该有那种尽管让你觉得"好厉害啊"，却不是"喜欢"的对象的人。

在你觉得某人了不起的时候，又可以窥视到他不完美的部分，所以你会喜欢上他。他是那样地努力奋斗，但正是**那一点点令人遗憾的地方才让人产生了共鸣，感受到了魅力。**

不打工、什么事也不做，一整天只是在网上消磨时间的男人，没有女人会喜欢。

但是，有些女孩子看到为了成为演员而拼命努力的人，看到完全不知名的音乐家每天都去街头唱歌、绞尽脑汁地谱曲，当看到他们努力的姿态时，就会想要支持对方。

正是因为对方在努力，所以当我们看到他们也有烦恼的时候才会产生共鸣，想要分担这份烦恼。

只喜欢人懒惰的一面，一般来说是不可能的。

但一个人尽管在努力，却没有获得成果，或者离成功只差一点点时对此人们更易产生共鸣。

如果一个歌手接连不断地写出热门曲子，一直非常畅销，人们的确会觉得他"好厉害啊"，可能会对他产生敬意。但这无法造成强烈的共鸣。

以我自己为例子，我一直想要减肥。

虽然真的想要减肥，不过，当深夜看到拉面广告时，有时不知不觉就会去煮方便面并全部吃完。之后就会产生"失败了"的感觉，后悔之情涌上心头。

的确，深夜吃拉面完全不是值得称道的事，但是我也讨厌不起来一边为减肥努力，一边却不知不觉把拉面全吃完了的自己。**正是因为有不完美的地方，人们才会产生出喜爱的情感，这确实是非常重要的。**

那些能严格按照计划管理自己体重的人非常厉害，作为减肥者称得上完美，虽然我也这么认为，但是能不能喜欢上这样的人，我不敢确定。

相比之下，我还是更喜欢尽了努力却没能尽善尽美的人。

在诊疗中，我向声称"讨厌自己"的人讲述了这样的体会。

自称"讨厌自己"的人里，有很多是对自己很严格的类型，有的甚至发展到"对自己厌恶得想要去死"的地步。

遇到这种情况，我会这样回答来做心理咨询的人："让你对异性开始产生心动的，是对方追求优秀的过程中仍然有不完美的地方。那么，对于自己，不是也可以更喜欢一点自己的弱点吗？"

接纳自己"追求优秀之余仍然表露出的弱点"，也就是喜欢上自己；想让其他人喜欢自己，也是一样的道理。

如果能了解到这一点，那么即使不必刻意费力，与他人之间的眷恋之情也会产生。

人们只想让可信赖的人看到弱点

　　在心理咨询中，如果跟来访者说"你虽然看起来很大胆，其实内心很细腻呢"，"你看上去很强大，实际上也有软弱的一面"，几乎 100% 都会说中。这个技巧甚至在占卜中也经常被用到。

　　大家都知道自己不是完美的人，因此，自己不为人知的一面被关注的时候会很高兴；而如果被对方评价为"完美"，反倒会很难与对方亲近起来。

　　实际上，谁都会有"想让人了解我的软弱之处"的一面。

　　当然，这种渴望并不是对任何人都能产生，软弱的一面只想与信赖的人分享。一般来说，家人是最适合的对象，软弱之处是不适合对世人公开的。

假如公司里所有同事都知道了自己的弱点或软肋，或许就不容易晋升了。把软弱之处或缺点暴露在所有人面前，结果就是在竞争中败北。

另一方面，如果公司里有一小部分人了解你的那些"虽然很努力，但也搞不定的地方"，反而会让你产生安心感，与这些知道你实情的人之间拥有了眷恋之情。

要是在公司里没有与你共同分担软弱之处的人，好比你是让同事连牢骚都不敢发的严厉领导，那么能与你放松地聊天的人，只好是没有工作交集的同窗或者一起打高尔夫的朋友了。

无论身处何种地位的人，都有这样的感觉——**只想让可信赖的人看到自己的软弱**；另一方面，也抱有这样的愿望——**希望对方看到了自己的软弱之后仍然喜欢自己**。

这也是**激发出别人对自己的眷恋之情的关键**。

正如我之前说明的那样，对对方感到眷恋，也会得到对方的眷恋。反过来说，如果对方先对自己产生眷恋的话，自己也会眷恋对方。

虽然经常有人挖苦说"恋爱是种错觉"，但是，恋爱和人与人之间的眷恋之情非常相似：如果对方喜欢自己，自己也会更容易喜欢对方；而自己喜欢对方的情感感染了对方，对方也会喜欢上自己。

也就是说，**要想引发对方的眷恋，先对对方表露出眷恋就可以了。** 在这种关头，展现出自己软弱的一面是个有效的方法。要想引导对方也展示出自己的软弱，就必须先和对方分享自己的软弱。

想要和别人构筑信赖关系，首先解除防御吧。鼓起勇气，降低自己的防护值，对方也会对你降低防御性。

"只会讲大道理"的人不招人喜欢？

最近，经常会看到"慢性病是患者自己的责任"等偏颇的言论，也有人利用这样的观点来制造舆论。

曾经也有新闻评论员在博客上提出同样荒谬的主张："要做人工透析的患者属于自作自受，不被纳入医疗保险也无可厚非；如果自己负担医药费有困难，那就只能忍着。"

当然，这条博客引发了"论战"，人们的批判纷至沓来，涌进这个博客。这条言论引发了大规模的抗议，导致博主从他负责的所有新闻节目中退出。

印象中这位新闻评论员为自己辩解过，虽然他的本意只是针对增加的医疗支出提出问题，但他的提议仍然让我感受到强烈的不适。因为他的观点，**忽略了人类这种生物的特质，缺乏对人性**

的洞察。

的确，只要不是遗传，严格来说慢性病确实是"因为自己的坏习惯才导致了患病"。可是，这时候要求病人"要改掉坏习惯，要自律"也是徒劳的。**人正是因为有缺点，才有了"人情味"。**

以减肥为例，如果是为小猫小狗减肥，理论上说只要给它减少进食就可以了。但如果可爱的宠物再三叫唤索要食物，还是会不由得拿给它吃，这也正表现出了作为主人的人类心中柔软的一面。

"软弱之处"换句话说就是"人情味"。我想，努力做到不失去体现出人情味的软弱之处，是件重要的事。

诚然，医疗费用支出持续增加的社会保障问题也不容忽视，它也是我们面临的难题。但是，首先保留住"人情味"，在这个基础上再解决问题，这才是医学的精神，这也是我一直秉承的理念。

在参加以慢性病为主题的讲座或研讨会时，常常与我一起出席的还有营养师。有一次，同行的营养师属于满口强调"那个不能吃""这种吃法不行""得多吃一些黄绿色蔬菜"之类大道理的类型。

　　然而，听着这些大道理的慢性病患者们，反倒会认为"我要是能做到这些，一开始就不会生病啊"，并由此产生抵触情绪。

　　于是在同一场讲座中，我提出"注重保养、保持健康是完全正确的，而让人可以适度放松自己、适当放纵一下'不健康的生活方式'，同时保持快乐和健康，才是医生的使命"，算是形式上做了反驳。

　　一直提倡那些大道理的人，**无法接纳**人们会有"不知不觉就吃过量了"这样的**弱点**吧。或者，他们认为自己可以做到的事，别人也要能做到。

　　但是，实际上并非如此。有的事尽管自己能做到，也要理解别人做不到，反之亦然。

　　回到眷恋的话题上来，我认为，**还是自身带有"体现出人情味的软弱之处"的人，更容易与他人保持眷恋关系。**

　　总是坚持大道理的人，不能原谅他人弱点的人，他们身上让人想要对其眷恋的要素极少，也不擅长建立人际关系。我想，恐怕我和前面提到的那类营养师一辈子都会话不投机，不是吗？

　　对于只说大道理的人，我们很难对他抱有依赖感或眷恋之情，因此，不想和他们成为朋友，也不想去咨询他们，难道不是这样吗？只有恰恰就想听到所期待的正确"道理"的时候，才会愿意咨询他们吗？

日常与人的交流中，要想制造出产生眷恋之情的因素，**讲道理或大谈正确的知识会起到反效果。**相比于提高标准对待周围的人来说，降低标准来相处会更好。

也就是说，比起让自己看上去又优秀又聪明，更好的做法是让自己看上去与真实能力相称或者稍微弱一些。因为，表现出自己的软弱，就能引出对方的共鸣，认为我们都是一样拥有弱点的人，可以促成眷恋之情的产生。

由此，与对方共鸣，产生眷恋一般的情感，并非困难的事。

第二章的要点

□ 成为"善于倾听的人"

不疲劳的交流的基础在于倾听。

只要"点点头"就能完成七成的交流！

□ "爱情"与"眷恋"

爱情不会长久，而眷恋是拥有深厚的情谊。

□ 让对方看到自己的"软弱"

对对方拥有眷恋之情，人与人之间的距离就会缩短。

□ 光是"软弱"可不行

"保持努力上进，却仍然有不完美之处"才是最打动人的。

□ 首先喜欢上自己

人们会感受到你"不完美之处"的魅力。

□ 要想构筑信赖关系，就要先解除防御

要让对方放心地展现软弱之处，也要与对方分享自己的软弱之处。

□ "说的全是大道理"会起到反效果

降低标准，让别人看到真实的、不完美的自己。

建立边界，避免"人际关系疲劳"

两种不同的"人际关系疲劳"

正如第一章中所说的那样，现在很多人都在为"人际关系疲劳"而烦恼。

传统上的人际关系烦恼包括与上司和同事的关系、婆媳关系等，现在，推特（Twitter）、照片墙（Instagram）、脸书（Facebook）等社交网络的好友关系也一一登场，很多人也在为新型的人际关系而感到疲惫、困惑。

在年轻人中，一个人的社交网络上有500~600名好友才是正常的现象，由此衍生出对方没有"即刻回复"或"已读不回"就成为一种折磨的问题，甚至诞生出"朋友地狱"这样的说法。

在成年人中也有人认为必须一一回应消息。许多人正因此而为人际关系感到精疲力竭。

并不只是上司与部下、婆婆与儿媳这样一方强势、一方弱势的人际关系会给人心理上带来负担和压力；表面上看似平等的好友间的人际关系，也能造成压力。

与人交流会产生"人际关系疲劳"；除此之外，与他人的物理距离太近而产生压力，由此引发的"人际关系疲劳"也不少见。

对住在都市里的人来说，这个问题尤其多见。家中空间比较狭小，外面街道也是人山人海。无论去哪里都难以保证有自己的空间。

举一个例子。现在，在东京不太能找到和过去一样的喫茶店了，全是客人之间距离非常近的咖啡馆。个人空间狭小，很容易让人感受到物理距离逼仄而产生的压力，这样的状态也会造成"人际关系疲劳"。

我也有同样的经历。有时，当我想要喘口气、歇一会儿而进入咖啡馆时，里面座位之间的距离近得让我几乎与陌生人肩挨着肩，这种狭窄的空间令我大吃一惊。这样的环境心情真的会很糟糕。

我想，有很多人独自去唱卡拉 OK，与其说是为了发泄压力，不如说更是想要一个人独处，不是吗？

前几天，我在大阪有两小时左右的空闲时间，而且也需要用电脑工作，所以久违地去了一次咖啡馆。

当时已经过了中午 1 点半，我想着店里应该会空荡荡的吧，转了好几家却哪里都是满员，里面也有很多独自一人的女性顾客。果然有很多人想要独处，我再次认识到了这一点。

"与人打交道而产生的疲劳"和"与他人的物理关系过近而产生的疲劳"这两种"人际关系疲劳"，无论哪一种都会令自主神经疲惫不堪，内分泌紊乱，对其置之不理的话甚至免疫系统都会失常。

这两种疲劳都是始于大脑的疲劳，进而对身体造成恶劣影响，从这一点来看，两种疲劳是相同的，应对方法却不同。首先，我从"由于物理距离过近而产生的疲劳"开始介绍。

越是都市人，独处的时间越重要

"周末去购物时，人山人海的，好累。"

"在主题公园排队两小时，已经疲惫不堪了。"

我们经常会有这样的感受，它们也是大脑疲劳的表现。不过，在上述情景中，人与人之间距离过近也是形成压力的原因。

即使是自称"我很擅长人际交往！与不认识的人交流令我快乐"的人，处在满员电车那样密不透风的环境中，也会感到疲劳。

在东京这样的都市里生活，**不管你愿意不愿意，人与人的距离都被压缩了**。即便人们或多或少地习惯了这种情况，忍耐也还是有极限的。**空间带来的压力在不断蓄积**。

它不只发生在人类身上。在饲养小白鼠的容器里同时放进两只小白鼠，一天的时间就能引发小鼠的胃溃疡。

以小白鼠的体型来看，饲养容器并不非常狭小。但这个结论说明了，在小白鼠体长 2 倍左右的距离处存在其他的小白鼠，就足以产生能引发胃溃疡的压力。

对于人类来说，让人舒适的距离是 3 米左右。然而，在如此宽敞、空旷的办公室里工作的人，几乎不存在，不是吗？

正如我在第 1 章里提到的，人类多亏拥有了发达的额叶，能够掩蔽疲劳感，因此也能对缺乏足够空间等情况保持平心静气。但是，在如此近的距离内，很多人拥挤在一起，对于同样是动物的人类来说，很明显不是正常状态。

由此产生的压力蓄积，导致身心失调，也不足为奇。

如果现实中无法拥有宽敞的办公室，那么**重要的是找到一个能独处的空间**。在这个空间里，可以让自己处在任何人也不用在乎，周围没有熟人，也没有陌生人的状态下。

只要每隔 1—2 小时享受一次独处，每次仅仅 5 分钟就够了。例如，在洗手间的隔间里一个人待着，"人际关系疲劳"就会得到很大程度的缓解。

更衣室或类似的地方也可以。为了能够从人际疲劳中恢复，理想状态是"不被任何人看见"；重要的是，在某处创造自己能够一人独处的空间。

及时从"人际关系疲劳"中复原

要想从大脑疲劳中恢复过来，**相比于过几小时才充分休息一次，及时且短暂的休息更有效**。因为这样才是符合脑部神经细胞的特性的。

神经细胞的状态只有 ON（活跃状态）与 OFF（休息状态）两种。

要从休息状态切换到活动状态，电信号不能低于某个固定的"阈值"。

所谓的"阈值"，就是为了使神经细胞达到活跃状态所需的最小限度的刺激。达不到"阈值"就什么反应都不会发生，神经细胞继续维持在休息状态。至少也要超过阈值一点，神经细胞才会变成活跃状态。

如果一直使用相同的神经细胞，疲劳会积压起来，与此同时，使神经细胞达到活跃状态的阈值也会上升；之后，再要从休息状态切换到活跃状态，就需要更大的刺激了。

也就是说，神经细胞的反应变得迟钝了，无法快速、灵敏地处理信息。因此，大脑整体的工作效率就会降低。这就是大脑疲劳的成因之一。

如果让神经细胞的阈值一再上升，很长一段时间都没有进入完全不受外界刺激的状态，神经细胞就恢复不到原先的敏感度了。

因为大脑神经细胞的这种性质，所以与其过几小时才进行一次漫长的休息，不如及时地进行短暂休息更能够抑制阈值上升，也能预防大脑信息处理能力下降。

所以，在开车的时候，每3小时休息15分钟，不如每驾驶1小时休息5分钟更能消除积压的疲劳。

办公室的工作引起的疲劳和人际关系产生的疲劳，也是一样的。

"啊，我已经累坏了，眼睛都睁不开了……"不要到这种程度才去休息。在如此疲惫之前就间歇地短暂休息一下，不容易疲劳，效率也高得多。

就像吸烟者偶尔离席去吸烟，是能被大众允许的；对非吸烟者来说，偶尔离席休息一下，这样的心情转换也是必要的。为了从疲劳中恢复过来，在单间里关上门独处 5 分钟左右，这种做法值得推荐给大家。

住在公司附近，能缓解慢性疲劳

与他人保持适度的物理距离，不仅会提升工作效率，而且会在很大程度上避免"人际关系疲劳"。

如果有能够独处的、属于自己的空间就好了。然而在办公室里工作的话，也许不太能找到这样的空间。

午休的时候，很多人出于"节约开销""没时间"等原因，就在办公桌上吃午饭，而这样做会阻碍人际关系疲劳的恢复。

如果是用隔板划分出来的独立工位还好，但是在一般的办公室里，左右相邻和背后都有其他同事，在这种状态下，人基本不能从大脑疲劳中恢复。

也有不少人自带午饭上班。如果天气好，在屋顶露台或者公园等只有自己的场所吃饭，对于恢复大脑疲劳更有效果。

"吃午饭时不与其他人在一起，不会被别人认为不合群吗？"可能有人会有这样的顾虑，抗拒一人独处。

然而，午休时间本来就是为了修复疲劳而存在的。所以，**如果午休有 1 小时的时间，即使要用其中 45 分钟与人共处，我也希望你们能够拥有 15 分钟的一人独处时间。**

与朋友一起吃饭的人，常常会给人留下好印象，例如朋友多。但是，作为生物的人类，其本然状态不是这样的，我们很有必要认识到这一点。

无论是通勤时间还是在工作中，一直和别人一起待在狭小的空间里，疲劳是不容易消除的。所以去寻找可以一人独处的时间与空间吧。

洗手间或者大楼的楼梯间都可以。最佳的场所是周围没有人的空间，如果这种空间难于找到，茶饮店或者书店也可以。只要是一个在心理上能独处，能尽可能悠闲自得地待着的场所，就没问题了。

但是，待在座位间隔太近、与邻座的人肩挨着肩的咖啡馆里，反而会产生压力，所以在这个环境中休息是没有效果的。

对于陷入"人际关系疲劳"的读者，我建议，如果经济条件允许，不要每日乘人挤人的电车通勤了，住到公司附近的街区去。

幸运的是，市中心里也可以找到廉价出租的单间公寓。相比于远处的住所，虽然公司附近租住的公寓空间狭小一些，但至少也拥有自己独处的空间。

若是住在距办公室非常近的公寓里，午休时就可以回去一趟，一个人独处了。

实际上，有人在践行这种做法后，**持续的疲劳感消失了**。

有的职场女性会**在午休时回到只有 5 分钟路程的单间公寓，大约躺下休息 5 分钟之后，换好衣服再次回到公司**。据她们所说，"换了衣服，也是一次心情的转变，变轻松了"。拥有能够一人独处的空间是非常重要的。

即便是夫妻，也可以试试分床睡

与周围人肩肘相碰的距离，会给人带来巨大的精神压力。即便是已经习惯每天乘满员电车通勤的人，乘坐低峰时段车厢空荡荡的电车时，也会非常高兴吧？这与之前感到疲劳的状态完全不同。

我个人的极端情况是，乘坐新干线往返大阪与东京时，特别累的时候我会把邻座的票也买下来。事先购买了从新横滨到名古屋的邻座票，那么在到达新大阪之前，邻座几乎都不会有人入座。

在电影院里也是这样，在我需要放松的时候，邻座有人绝对是件令人烦恼的事，因此我也会把邻座的票一起买下来。

像这样，只要确保拥有自己的空间，疲劳就会很明显地得到缓解。

拥有只属于自己的、不需与其他人接触的空间，在家庭之中也是件重要的事。

虽然之前我也说过"家人是让人无须费神的人"，但如果一直在物理距离太近的状态下过日子，即便是家人也会给对方造成精神压力。

用个不恰当的比喻，当我们提起老鼠的时候，对它们的印象是群聚在一起。但实际上它们并不是随时都紧挨着彼此。幼鼠小的时候与成鼠密不可分，但长大了以后就会离开；成鼠也只有在繁殖期间才紧密地聚在一起。

或许有人认为，肌肤互相接触是一种"治愈"，但其实它也是压力的主要成因。因此，我也不建议夫妻合睡一张双人床。

从物理方面来看，两人共睡一张床时，相当于互相传导体温，不能将自己的热量散发出去，由此睡眠质量也是相当低的。

而且，如果一方的睡相很糟糕，那么另一方的睡眠也会受到妨碍。优质的睡眠对于疲劳修复来说是最为重要的，因此，从医学角度来看，合睡一张床在各方面都是不利的。

NHK 的节目中曾指导夫妇分床睡，比较抗拒分床睡的是丈夫，而妻子普遍感到分床之后能够睡得更熟，能够松一口气了。

实际上，通过分床睡，疲劳度出乎意料地降低了。

疲劳积压两天以上就危险了

消除"人际关系疲劳"，最重要的，是不积攒疲劳。

正如第一章里说明的那样，最开始处理疲劳和精神压力的是自主神经，而如果这样的状态一直持续下去，最终内分泌系统都会受到影响。

疲劳的积攒从医学上看，指的是"内分泌系统启动，类固醇激素皮质醇增加"。到这种程度的时候，疲劳就不能轻易恢复了。

这正是有很多人感到"这周好累啊"，然而周末一直睡觉却仍然缓解不了疲劳的原因。

不过，**若将疲劳的程度控制在自主神经能控制的阶段，也就是在内分泌系统开始启动之前，修复疲劳就会很简单。**

随时随地地休息 5 分钟左右是最佳做法。如果情况允许，用

15—20 分钟，在能独处的空间里放松地发发呆，状态会发生巨大的变化。

放下手机，发发呆吧。理想的休息当然是睡觉，但日常生活中不容易做到这一点，因此，**只要闭上眼睛放空思想就足够了。**

即使没有一人独处的空间，在不用与人紧密接触的茶饮店角落、车站的长椅上也可以。哪怕只有 5 分钟或 10 分钟，希望大家能时常意识到要创造这样的休息时间。

在自主神经的控制下调节身体状态，所能坚持的时间并没有那么长。

与人体大约 24 小时的节律周期不同，自主神经持续性疲劳而造成的皮质醇增加，要在 36—48 小时之后才显现出来。也就是说，疲劳状态持续两天，内分泌受到的影响就开始表现出来了。

因此，**在两天之内消除疲劳积累是最佳状况。**在自主神经能控制的阶段酣然熟睡，恰如其分地消除疲劳，就不会演变成更严重的情况了。

但是，如果内分泌系统的持续工作变成常态，免疫系统就不得不发动起来。此时的疲劳就不是一天两天就能完全恢复的了，所以必须尽早切断这种恶性循环。

不仅仅是"人际关系疲劳"，疲劳积压得越多，就越难修复。而且，情况恶化之后也回不到原先的状态。

这也就意味着，**疲劳的积压也关系到衰老。**

我们都听过"辛苦体现在脸上"这种说法。所谓辛苦操劳的人看上去显老，也是可以用医学来解释的事实。

层出不穷的新型"人际关系疲劳"

　　会产生"人际关系疲劳"的人，**绝不是不擅长人际交往，也不是内心懦弱**，更不是什么地方不正常。而导致"人际关系疲劳"的现代环境才是不正常的。

　　"人际关系疲劳"原本在自然界中不存在，这数十年来突飞猛进的社会进展，让它的发展远远超过了人类适应能力。这才是"人际关系疲劳"的成因。

　　尤其是当今的大都市，是自然界中不可能自发出现的环境。城市的居住环境、上下班的通勤环境，等等，我们不得已接受了这些。然而，人并不具备在如此密集的状态下生活的天性与能力。

　　据推测，现在的人类从初次在地球上登场距今约有 20 万—50

万年，而人口如此密集的情况，至多也就是从一两百年前才开始的事。

由于人类在极短时间内就实现了密集而居，物理上的距离太近了，人类理所当然就会感受到精神压力。

一整天待在狭小的地方，周围总是有其他人，人类并没有将在这样的环境中生活的习性写进基因里。

更甚的是，**最近几年急速普及的社交网络造成的广泛且过剩的人际关系**，同样也是自然状态中不会存在的。

有的人认为"还是朋友多比较好"，却不知不觉就疲惫不堪，也许是因为社交网络超过了他对交流的承受能力。

人类在进化过程中，对自然界中原本不存在的东西没有相关经验，因此不具有应对这种状态的基因，身体也并不知道应对的方法。

所以，如果一直处在这种环境中对其置之不理的话，它一定会成为让我们身体出乱子的原因。

要想消除"人际关系疲劳"，也需要从这个方面出发，顺应人类原本的身体构造。**不违背基因的做法才是有效的。**

在自主神经掌控着身体调节的阶段修复疲劳，设法不让疲劳积压，是最为合理的方法。

不必勉强自己去和人见面

由人际关系所引起的疲劳，该如何处理才好呢？

"有的同事和我合不来""和上司关系不好""一直以为彼此是朋友，却对我说了这样的话"，等等。正在为人际关系烦恼时，通常会想要找什么人倾诉一下。

确实，我们会感到"说过以后心里舒服了"。但实际上，这其中隐含着陷阱。因为，这意味着要与倾诉对象交流，而有时这又会带来新的疲劳。

如果已经为"人际关系疲劳"苦恼到极点了，其实最好的方法是回家酣睡，但这时听到倾诉对象说："那么今天，下班后听你好好说说。"

结果是已经为了工作与人际关系累得精疲力竭，仍要与人一起吃饭，难免又会因此而疲惫。即便想凭借饮酒来发泄郁闷，但是酒精会降低睡眠质量，反而又蓄积了疲劳。

真正的烦恼，不是与人商量就能解决的。实际上很多人都清楚这一点，倾诉的目的仅仅是"想要有人听我说"。

如果只是为了倾诉，那么感到疲惫不堪的时候，其实不必勉强自己与人见面。"主动找他商量问题，却放人家鸽子，这样不好。"这样的心情，我也明白，但是把赴约放在休息的优先级之上，也是没有必要的。

如果是不发泄出心里的郁闷，回家就睡不着，那么偶尔和人聊聊也好，但如果每天都重复这样的事，疲劳就会恶化。

产生"人际关系疲劳"的时候，不见人的确是最好的治疗方法。因为他人而感到疲劳的时候，就一个人待着——这是理所当然的事，而令人意外的是，这似乎并不为人所知。

AI 无法超越人类的能力："偷工减料"

被"没有朋友说明是没用的人"等"常识"束缚的人，常常会这么想："尽管现在很累，但和别人交谈一下是理所应当的。"

而且，一部分人会对抱有"因为累了，想要一个人待着，闭门不出"这样想法的自己，感到自责。

社交网络的普及让交流的质量与数量都发生了急剧的变化。面对人类未曾经历过的状况，我们的大脑首当其冲地感受到了自身无法应对的事物的挑战。

但我们应该认识到，现在被许多人认可的"常识"，有很多只是一如既往的思维惰性，或者是毫无根据的错误信息。

被视作"常识"的东西，实际上是违背自然的，如果明白了自己很多时候是在过分勉强自己，应该就能放轻松了。

尤其是对于正在交谈着的双方，由于现代人之间的物理距离也太近了，所以，巧妙地歇口气就变得更重要了。

在公司工作的时候我们总是被要求倾尽全力，发挥 100% 的能力。公司的员工规模也是以此为前提而决定的。

心理学和精神医学研究中，以人类为对象采集数据的时候，也常常会假设人类会发挥出 100% 的能力。形形色色的实验数值，也是以受试者发挥出 100% 的能力为前提来统计处理的。

但是，在实际生活中，案头工作也好，与人交流也好，大家都在适当地"偷工减料"。或者换一种温和些的措辞，也就是在"适可而止"地工作。

人类在偷工减料这一方面，非常优秀。"在不至于造成麻烦的范围内适当偷懒地解决"，这样的事机器人与 AI（人工智能）是做不到的。

如果偷懒得太过度，会被说成"工作敷衍"，招致负面评价乃至失去信用。但"偷工减料"的能力也是人类的一大救赎。

例如在公司工作时，好几天都必须熬夜加班，在这样的状况下，如果认认真真发挥出 100% 的能力，用不了三天就会累倒吧。要是这样仍然忍耐着努力工作，那么过劳死的风险就会变得非常高。

偷工减料的能力能让人有调节的空间，例如即使因为通勤而感到很辛苦，但可以在工作中抽空休息，所以也还能继续工作下去。也就是说，正因为可以在不把事情搞砸的情况下适度地偷工减料，工作才得以持续地做下去。

偷工减料绝不是坏事。但适度地偷工减料，是人能够战胜计算机的少有的能力之一，**人不应该责备偷工减料的自己**。

反而可以说，**巧妙地运用偷工减料，是不易引起疲劳的秘诀**。

将烦恼列举出来，分成"可以解决"和"无法解决"

很多人因为交流时的距离过近而产生了"人际关系疲劳"。**人际关系的距离是可以控制的吗？**

实际上，既有自己可以控制的关系，也有自己无法控制的关系。

举个例子，与朋友的距离，在某种程度上是自己可以调整的，而换成上司与下属的关系就行不通了。

由于上司和下属的位置是固定的，缩短或拉大彼此的距离是很难的，尤其对于下属来说，会陷于被动。面对婆婆，儿媳的立场基本上也是被动的。

在因形形色色的烦恼而陷入僵局时，我们可以采用心理辅导的手法，将烦恼列举出来，分为"靠自己努力可以解决的事情"

与"绝对无法解决的事情"，并进行整理。

对很多年轻女性来说，有时会觉得恋爱也罢，职场的人际关系也罢，什么事都令人烦恼，仿佛一团乱麻。

即便把所有烦恼不着边际地说个没完，将它们分条写出来，进行整理后大抵能归纳到 10 条以内。找出这些烦恼之间的关联，就能缩减到 3—4 个，至多 5 个，其中又可以分为有可能解决的事情与绝对不可能解决的事情。

对于靠努力可以解决的事情，就要具体考虑努力的方法。对于绝对无法解决的事情，就放弃。这是心理辅导的基础。

例如，为了对工作要求太高的上司而烦恼的时候，要是觉得自己能够满足上司的要求，就想想有没有能适当"偷工减料"的方法；要是"从生理上讨厌"那个上司，那就放弃挣扎吧。

这里说的放弃挣扎并不是"仅仅忍耐"。重要的是"价值转变"，也就是把关注点引向其他让人能接受的事上。

例如，要这么想：应对上司这件事本身就是自己的工作。将讨厌的事转变成自己的工作，就是关注点的转移。

没有必要为了喜欢上讨厌的事物而努力。

再举个例子，可以这样调整自己的想法："我的工作是营业助理，职责不光是处理 EXCEL 表，而是应对上司的各种要求。"而且，这份工作的付出与回报（薪水）是否相符，也可以试着自己计算一下。

婆媳问题中，也有这样的情况："无论怎么做也没办法和公公婆婆处好关系，但是又不能彻底断绝关系。"

从生物学角度来看，儿媳对婆婆或许是 100% 的讨厌，因此，处不好关系也是正常的。据说有 85% 的儿媳都在为婆媳问题而苦恼，这种状况下，就只能放弃了。

总之，放下自己观念中顽固坚持的一面，稍微改变一下观点。

身陷烦恼的时候，由于只能看见事物的一面，自己很难察觉到问题的症结。而把自己当作第三方，从外部视角来看，就能察觉到"问题的不同侧面"了。

在社交网络上也要巧妙地保持距离

　　提起"人际关系处理得好""良好的交流"，很多人都误以为这就意味着要拉近距离。然而，要点恰恰是要保持刚刚好的距离。

　　人们为了避免产生"人际关系疲劳"，过于接近的时候就会想要疏远。认识到这一点很重要。

　　朋友、同事或者 PTA（家长会）成员之间，这些看起来好像某种程度上可以由自己来控制距离的人际关系，也经常会由于相处中的麻烦而引发人际疲劳。

　　不同的人际关系，各自有其正好的距离。不仅要有意识地拉近与他人的距离，也要有意识地保持一定距离才好。

　　有一种说法是，异性之间的关系"如果是普通朋友会持续好多年，成为恋人的话，3 个月就会分手"。人与人之间相距甚远时可以互相接近，距离过于接近应该稍微疏远一些。这是为了避免造成人际关系疲劳而应该坚持的交往原则。

疏远要比接近简单得多。

现如今更多的交流是通过邮件或社交软件保持的。这种情况下，**要尽量客观地回复消息。** 持续几次都是维持礼貌而不带感情色彩的话，就会传递给对方"这个人想要疏远我"的信息。

我有一个小小的秘诀。**发送邮件或用社交软件发消息的时候，尽量不在末尾加问号。**

例如，想要发送"明天我要开家庭派对，您参加吗？"这样的消息，就相当于要求对方回复；而如果改成"明天，我要开家庭派对。期待会来很多人"，发完就可以丢在一边了。

在想要接近对方的时候，消息末尾不加问号也具有不给对方施加压力的意义。

尤其是，我们常常会对自己抱有好感的聊天对象发出带有问句的消息。这样一来，就会给对方一种强行索要回复的印象，不会让对方产生想要接近的自己的心情，**反而会使对方萌生出保持距离的想法。**

在年轻人之间，发送不加问号的消息已经形成了一种礼节，请意识到这一点并记在心里吧。

女性在人际关系中最常见的烦恼是什么

来到我诊所就诊的疲惫不堪的人们，倾听他们的烦恼时，经常会引出的话题是"距离感不对劲"。

因为人际关系而累得精疲力竭的人中，不少都遭受着"尽管想要保持距离，对方却越来越靠近了"这样的烦恼。

实际上，女性的人际关系烦恼中最常见的，是与"边缘人格障碍（Borderline Personality Disorder）"倾向的人之间的关系。

上小学的时候，大家都是因为"距离近""相同之处"等共同点而成为朋友的，因"座位近""家住得近""上同一家补习班"等因素而变得要好。

而且，一旦成了朋友，就会一起上厕所，一起学习，还会一起看电视。"关系亲近"等于"离得近"，这个倾向在女孩子之中尤其显著。

然而，随着人的成长，逐渐就会发展出"在学校里关系亲近的人""志趣相投的人""俱乐部活动时关系好的人"这种不同场合的不同朋友了。

这是自然状态。而且，成为大人之后，逐渐就会按照"看电影和这个人一起去""吃意大利料理和那个人一起去""要去买衣服就和这个人一起"这样的方式，根据TPO原则［即"时间（Time）、地点（Place）、场合（Occasion）"三原则——译者注］来选择朋友了。

但是，有人尽管年龄不断增长，却还是坚信自己想要的朋友是，"一切都与自己想的一样的挚友。最好的朋友！"

这是边缘人格障碍的症状之一。

举个例子，这样的人会认为，购物也好，看电影也好，吃饭也好，上厕所也好，对方一切行动都和自己一样，而且也同样感到满足。

也就是说，希望对方和自己一切价值观都相同。所以，边缘人格障碍的人会认为这个朋友是"不可替代的独一无二的挚友"，自以为是、想当然地深信对方是"理解我所有的事情，可以互相帮助的挚友"。

据说，边缘人格障碍的人大半是女性。女性全体中有 5% 拥有这样的倾向。相当于办公室里如果有 20 名女性，大约就有 1 个是这种类型的人。

对边缘人格障碍的人来说，在公司工作也成了一种困难。

然而，如果仅仅是"奇怪的人""有点麻烦的人"这样的程度，本人与周围的人都不痛苦的话，通常不需要治疗。**要通过治疗来改善的是非常难对付的症状。**

这种类型的人特征是，**"被抛弃的不安感"很强烈**。

为此，为了接近而拼尽全力，意识不到该保留一些空间。

这类人也具有极其亲切的特性，所以要是人们最初觉得他们是"积极的好人"，他们就会不断地逼近，结果，就发展成了每天工作结束之后都要在一起，周末也要一起度过的地步。

这样一来，成为他们朋友的人，最终还是想要保持距离。

这种情况下，假设你受到邀请"一起去看电影吧"，而你因为对电影不怎么感兴趣而拒绝了对方，此时他们就会改变想法，认为"你背叛了我"。

　　甚至昨天还在到处宣扬你们是挚友，如今却翻脸不认人地中伤你，他为了拉拢有同情心的人，而率先提出有事要和对方商量，以此博取对方的同情。

　　另外，这类人的嫉妒心非常重，如果朋友与别人关系亲密，他们有时也会对对方撒谎，说"那个人诽谤过你"这样的话来搬弄是非，想要强行拆散朋友与其他人的关系。

　　边缘人格障碍的人会不断地靠近，搅乱正常的生活节奏，而且伤害你周围的人际关系，使之恶化。与这样的人交往感到疲惫不堪也是不可避免的。**在造成人际关系疲劳的原因中，与边缘人格障碍的人的交往应该是最强的"地雷"了吧。**

任何事都能互相理解的"完美挚友"

患有边缘人格障碍的人，会这样看待朋友："总算遇到了无论什么事都能互相理解的挚友啦。"他们把朋友理想化、万能化，对于对方是与自己完全合拍的完美朋友这一点深信不疑。

可是，对方自己也有其他的朋友，有时也想完成自己的计划。患有边缘人格障碍的人不太理解这一点，就出于一片好心地擅自行动了。

我们经历过过分依赖母亲，不管做什么都要形影不离的幼儿期；随着成长，开始学习在心中测量人际交往的界限，逐渐能与人保持刚刚好的距离。

正如前面所说的，我们上了小学，交到了关系亲密的朋友之后，无论是上厕所还是吃饭都会一起行动。随着我们升上了初中、高中，就会根据 TPO 原则来区分朋友，不会再总是一起行动了。

换句话说，这就是拉开距离的过程。

幼儿时期，我们与母亲的距离几乎为零，上了小学后与同伴保持着大约 20 厘米的距离，距离在渐渐地拉大。长大成人后，1.5 米左右的距离对于友人同伴来说，是令人心情舒畅的距离。

而患有边缘人格障碍的人，会一直处在与朋友的距离超过 20 厘米甚至不是零距离就感到不安的状态之中。年龄不断地增长，对距离的需求却没有变化。

他们如此想要依赖对方，由于这种心情很强烈，一旦相识成为朋友，就会想要彻底地接近对方。

认为 1.5 米左右距离刚刚好的人，会觉得无法和他们交往下去。

患有边缘人格障碍的人以及拥有这一倾向的人中，有一部分智商很高。

换言之，当这些人想要贬低"背叛者"的时候，他们善于思考各种各样的手段，非常难对付。他们经常会制造把上司或共同的朋友牵涉进来的麻烦，导致周围人也被他们残酷地随意摆布。

另一方面，这些人具有亲切而富有积极性的一面，因此有时也会看上去很有领导能力的样子。

还有，有时也会发生这样的情况：这些人乍一看亲切开朗，自发掌握主动权，因此在其露出真面目之前，周围性情温顺的人们会受到他们的诱导。

而且，患有边缘人格障碍的人成为霸凌的头目，这种情况也不罕见。

日本的企业，不想雇用会搅乱"和"的气氛人，如果从简历上或面试中就能被看出真相的话，这样的人往往不会被录用；但如果对方是智商高，乍一看很开朗的人，就不容易被提前看穿了。

近年来以派遣员工身份进入职场的事例也变多了，引起的同事之间人际关系的麻烦似乎也增多了。

魅力四射的麻烦制造者

当与他交情好时，关系就会彻底变得亲密起来，一旦交恶，就会完全断绝关系——我们身边偶尔会有这样有点极端的人。当然，无论是什么样的人，都有和朋友关系不好的时刻吧。

不过，痛骂曾经关系亲密的人几小时都停不下来，与参加女子会、旅行时都厮守在一起的"挚友"突然不和，断绝关系，诸如此类的一般来说不是"经常会有的事"。

如果这种情况半年发生一次或者三个月发生一次，那就有点奇怪。如果双方是以年为单位的交往，出现过这样的事也是可以理解的。而倘若只是被派遣来工作的人，交往时间尚短，那么这种极端行为即便身为朋友也无法理解。

正如之前所说的，现实中依赖度很高的人有时也会看上去很亲切，有领导能力。他们短期内看上去还挺有魅力的。

智商高的边缘人格障碍者，有时仅仅被当作"要强的人"。他们在社会上获得了相应的地位后，**凭借好恶作出判断，表现出激烈的攻击性，容易成为品质最为恶劣的上司。**

虽然他们本人认为"自己最辛苦"，但是毫无疑问，做他们的部下更加辛苦。

因为这类人智力高超，也能够进行智慧的交谈，所以他们会认为自己说话条理清晰。不过，这样的人也拥有**态度强势、容易瞧不起别人、发生问题时归咎于他人**的特征。

对于这类人来说，社会生活还勉强可以维持，但与周围人的人际关系却极其糟糕。于是他们倾向于搬出"即使到了 40 岁左右我也结不了婚，因为我太挑了"这样的借口，这正是高智商边缘人格的典型。

这一类型的人中的优秀者会去外资企业就职，在海外工作，认为"在海外才能发挥我的实力。我不适应日本"。

他们即使结了婚也会失败好几次，然而又好几次都能够再遇到新结婚对象。因此，确实，这样的人果然看起来还是很有魅力的吧。

与边缘人格障碍者打交道的方法

如果周围有这种类型的人，应该如何打交道才好呢?

即使从一开始就感觉一个人"不太一样"，或者只是单纯地感到与之价值观不同，但是不排挤、排斥他人，才是健康社会的样子。

不过，因为边缘人格障碍者而人际关系乱七八糟，让自己也疲惫不堪，就难办了。

与边缘人格障碍的人打交道的要点是，**在对方来势汹汹地接近时，客观地应对。**

例如，频繁地收到邮件或社交软件的消息，受邀去购物或者看电影的时候，如果自己也有兴趣还好，而要是没有兴趣，就回复"我对那部电影没有兴趣，这次就不去了"吧。**干脆地回复，保持在不失礼的水平。**

如果轻易变更自己的安排，明明没有兴趣却想着"对方难得来邀请我，拒绝了可不好"，而配合对方的计划，这样一来，某一天你做出了违背他意愿的回复时，他就会认为"你背叛了我"。

理想的做法是，**对方逼近一步，你就后退一步。**

对方要是靠近，你就后退一点，从一开始就要经常让对方感觉出"他是要保持这种距离的人"的界限感。

现实中经常会发生的情况是，一开始并不了解对方是什么样的人，之后才有所察觉。如果关系已经很亲密了，也只能慢慢地疏远。

"我们在同一个公司工作，我不想发展成大吵大闹的局面。"这种情况下，最好是一点一点地疏远，直到能够保持一定的距离为止。

与对方的曾经富含感情的消息往来，一点点转变为语气客观的消息。**例如以往受邀 10 次会有 8 次赴约的话，就慢慢地减少为 6 次、4 次、3 次。**虽然疏远的过程需要一些时间，但对方也会在这期间学到应该与我们保持怎样的距离。

边缘人格障碍的人很擅长重新找到想要与之亲近的人，所以也经常会把注意力转移到别人身上。

还有一些时候，有的人尽管受到了边缘人格障碍的伤害，却希望"想治好他。能不能以身边人的力量做点什么呢"。这是很善良的人。然而遗憾的是，如果对方真的是边缘人格障碍，**他本人或身边的人是绝对无法将他治好的**。

假设边缘人格障碍患者现在是 25 岁，恐怕现在的症状在 10 年甚至更久以前就产生了。

边缘人格障碍者的人格已经被塑造成型，从医学角度来说没有马上就能治好的方法。何况，倘若他认为你是"独一无二的挚友"，也有可能对你做出情绪化的举动，所以你要注意这一点。

周围的人能做的事是，改变与他打交道的方法。

患有边缘人格障碍的人，有可能发展出行动化（acting out）即表现为突发的暴力性的一面，比如乱扔东西等破坏性行为。为了避免这种情况的发生，冷静地与他一点点地保持距离，这很重要。

如果是与边缘人格障碍患者关系已经很亲密的状况，最终还是难以避免会落到"那个人背叛了我！"的地步。即使到了这一步，也尽量做到**不要过度地与其对抗**。

第三章的要点

□ 特效药是"一人独处"

每隔 1—2 小时一次，只需在单间里待上 5 分钟。

□ 如何度过中午

不要在办公桌前吃饭，也不要去座位间隔狭窄的咖啡馆。

□ 及时休息

在只有自己一个人的空间里，放下手机，闭上眼睛放空。

□ 与人聊一聊并不能缓解疲劳

因为人际关系而疲劳的时候没必要勉强自己与人见面。

□ 将烦恼列举出来

分为"可以解决"与"无法解决"。

□ 社交软件的礼仪

保持刚刚好的距离；

客观真实地回复对方；尽量不用问号结束一句话。

□ 与边缘人格障碍者打交道的方法

即使对方过度热情地接近，也要客观地应对。冷静地回复其消息，干脆地拒绝邀请，慢慢地拉开距离。记住患者本人与周围人都无法治好边缘人格障碍。

第四章

向搞笑天才学到的交流秘籍

"社交的笑"和"共鸣的笑"

第二章中，已经就"善于倾听，表露软弱的一面，与对方产生共鸣"作为避免人际交往疲劳的基本技巧进行了说明。

一边兴趣浓厚地倾听对方说话，一边向对方巧妙地展示出自己的不擅长之处或软弱之处，也会激发对方展示自己软弱一面的欲望，信任感由此产生。对彼此的软弱面产生共鸣，有利于"眷恋之情"的形成。

通过运用人的心理特性，无须勉强与费力，就能达成不逊色于社交达人的良好交流。

表露软弱的一面不是难事，是个相对容易使用的技巧；但是，在与人建立起眷恋之情前要经过好几个阶段，走过这些阶段才是难点。如果对方爱说话，你就能将倾听的角色贯彻到底，交流起来也会比较轻松；如果对方是个沉默寡言的人，那么走过诸多阶段、与其达到眷恋之情就不那么容易了。

这种时候，"笑"成了缩短距离的利器。**笑能够在一瞬间获得对方的共鸣，因此有可能一下子就缩短距离。构筑人际关系也好，保持人际关系也好，最重要的都是"保持笑容"。**

当然，"笑"也有各种各样的类型。

例如"社交的笑"。初次见面的时候，不管是谁都会强作笑脸开始交流的。只要不是像丑闻被曝光的明星的经纪人与狗仔记者那种严重的敌对关系，没有人会板着脸交换名片。

笑脸通过传达出"我对你抱有好感""我也对你有兴趣""我对你没有敌意"等信息，给对方留下好印象，这一点在世界上是共通的。对方露出这样的"社交的笑"的时候，人们姑且会放下心来。

换个角度来看，即使不是出于真心，**只要"笑"了出来，也就释放出了"紧张得以缓和"这一信号。**

"社交的笑"不需要真正的感情。只要表示出"我想和你构筑良好的关系""我对你没有敌意"就足够了。

与之相反，也有一种从心底猛地喷涌而出的笑。这是"共鸣的笑"。重复发出"共鸣的笑"，人与人之间的眷恋之情就会产生，转眼间就变得亲近了。对于交流来说，这种"共鸣的笑"是最有效果的。

被称为"笑城"的大阪，与东京相比，即使是在街上相遇的人们，相互之间的交流也活泼得多。

都说搞"笑"者得天下，所以沉默不语也就很有可能让人觉得"好烦人啊"。也有人从东京来到大阪之后，发出了"街上的空气都好像吉本新喜剧"这样的感慨。

或许，各位读者之中，有人认为"搞笑需要才能"，也可能会为"我没有这样的才能"而感到失望。

确实，以顶级的搞笑高手为目标的话，才能是必需的吧。

然而，为了实现让人际关系进展顺利的交流，只要了解一点关于笑的技巧就足够了。想象一下，如果双方是朋友关系，谁都可以笑着聊天；所以并非只有具备特别才能的人才能造就"共鸣的笑"。

"抢先 0.5 秒"最易引发共鸣

为了给大家看个典范，我先介绍一个有助于制造"共鸣的笑"的专业技巧。这是我从岛田绅助先生那里听来的故事。

据他所说，**引发爆笑的秘诀，是比对方的思绪抢先 0.5 秒。**

绅助先生担任综艺节目主持人的时候在节目中大显身手。他一边与坐在嘉宾席的明星或艺人进行着绝妙的交谈，一边诱发出嘉宾、现场观众席以及电视观众的爆笑。

所谓"比对方的思绪抢先 0.5 秒"，指的就是"**把嘉宾席上的人们快要想到但还没想到的事情，抢先 0.5 秒说出来**"。

绅助先生的谈话特征，在于具象化地解说，让观众形成共通的印象。

绅助先生的谈话与明石家秋刀鱼先生通过吐槽谈话对象的言行来达到搞笑效果形成鲜明对照。绅助先生的闲谈从"上周，在惠比寿站前……"这样**具体地描述一个事件开始，在观众脑海中建造一个会令人发笑的场景。**

然后，他马上就引导观众将交谈转向结尾的打趣部分，观众随着绅助先生的描述，头脑中就像看 VR（virtual reality，虚拟现实）一样，仿佛活灵活现地经历着同样的情景。

最后，他在观众还没想到的时候，抢先 0.5 秒抛出结尾。

这样一来，就能与观众产生共鸣的笑了。

这个"抢先 0.5 秒"就是特色所在。

与观众同时想到结尾，就不会产生爆笑的效果。要是比观众抢先 3 秒说出结尾，也无法产生共鸣。

绅助先生是在大家意识到**"好像确实有这回事"**时，抓住共鸣的时机。他赶在人们想到的 0.5 秒之前——这是虽然还没有想出来，但是听人一说就会认为"好像是这回事！"的绝妙时机——抛出结尾，引发出"共鸣的笑"。

谈话天才之所以为天才，正因为他们能做到这样的事。这不是一般人靠模仿能学来的。

那么，绅助先生为什么能做到这种事呢？

"我的大脑里大概搭载了法拉利的发动机。"

这是绅助先生的原话。他把自己的想象力比作赛车的发动机，他的大脑里仿佛搭载了高性能发动机，与普通人的思维力之间有巨大差距。

不过，这可不是自吹自擂。他真正的意思是，**发动机的使用方法**。

"好比你发动法拉利的发动机，嗖地一下向前冲，跑得太快，普通车跟不上，就觉得没意思了。与其他车保持同样的速度行驶，这样的话就很平常了，所以也没意思。**行驶时只领先个三五米，观众就会觉得很有意思，一直跟在后面。**"

接下来他又发表了下面的见解。

"实际上，我可以立即使发动机高速运转，让自己大差距地获胜。这样尽管观众跟不上，但做的是自己心中觉得有意思的事。可是呢，作为 MC（主持人）这样可不行。必须学会配合普通车，行驶时只领先 5 米左右。"

正如大家所注意到的，"抢先 0.5 秒""领先 5 米"，就是产生共鸣的笑的要点。

一个人奋力前行时才能是必需的，但要是不加约束地放任才能独自驰骋，"共鸣的笑"就不会产生了。要特别注意的是，**配合周围人而保持适当的差距是很重要的。**

一般情况下，天才不擅长将自己做得到的事以其他人能够理解的方式传达给世人，而绅助先生不一样。

绅助先生懂得调节速度。在这一点上，他是能够将笑的本质与有利于逗人发笑的技术准确地用语言传达给人们的稀有存在。

我认为，天才运用自如的"配合普通车只领先 5 米行驶的技巧"是无论如何也模仿不来的，但是我们从形形色色的具体事例中可以窥见打造"共鸣的笑"的本质，对于我们这些"普通发动机持有人"来说，也是非常有参考价值的。

给描述的内容"上色"

在交谈时，如果能让对方脑海中浮现出与我们正在描述的一样的景象，就很容易形成共鸣了。绅助先生称之为"上了色的影像"，而抽象又模糊的印象就好比是黑白的，没有上色似的。

为了通过"上了色的影像"而与对方产生共鸣，必须做到的是说话尽可能具体。

举个例子，以"前几天在饭馆吃饭，遇到个这样的人……"作为开场白，在听众头脑中，无法浮现出与说话者脑海中相同的影像。

如果以"前几天，我去了吉祥寺的 GUSTO，坐的是最里面的座位，正想要点咖喱时……"开启话题，听众脑海中就会浮现出 GUSTO 的形象，与讲述者享有相同的家庭餐馆座位的影像了。

给描述的情景"上色"之后，就成为"上了色的影像"。

这时再接着谈论"遇到个这样的人"这样的逸事，正在倾听的人就能像在头脑中观看 VR 一样共享这个话题。

"好像确实发生过这样的事！就算我自己去家庭餐馆可能也会发生这样的事！"他们会这么想。

最后若能以打趣的话来结尾，引发欢笑，"共鸣的笑"便能就此产生了。即使是同一个逸事、抛出同样有趣的结尾，但不同的讲述人所能达到的深度全然不同，打趣的效果也不同。这是因与听众共鸣的程度不同。

"落语"是对共鸣要求很高的语言艺术。观众在倾听落语家讲述时，脑海中会形象地出现荞麦店、旅馆等场景。

越是高明的落语家，越能够详细地描述出让观众仿佛身临其境的场景。正在讲述的落语家与正在倾听的观众，双方的脑海中浮现出同样的景象，由此形成了共鸣，最终引发了观众的哄堂大笑。

像江户时代的风景、那时家中的摆设等，谁也没亲自见过。但是，人们见过农村的风景，知道铺有榻榻米的房间是什么样子，在时代剧中看到过那时的景象。许多人对那个时代的种种还是有印象的，因此能够在脑海中描绘出形象，并自然地产生共鸣。

另一方面，当谈到豪华游艇或飞机头等舱等话题时，尽管是现代的事，但也让许多人无法产生共鸣。

因为大部分人既没有乘坐过这些，也觉得和自己没有关系，即便是具体的描述，也难以浮现出相应的影像。这样的话，哪怕故事结尾非常风趣，也很难形成爆笑的效果。

其实只要把描绘的事物改成大家能够在脑海中描绘出形象的事例，例如钓鱼船、经济舱之类，使其产生共鸣，再以同样的风趣结尾收场，效果就好多了。这个谈话的技能，也是我们需要掌握的。

正是因为可以将听到的事当作自己的经历来理解，共鸣才会产生。

同样是笑，通过双方能够产生共鸣的事而笑，能将它的力量放大到 5 倍乃至 10 倍。这样一来，就能轻而易举地发展出眷恋之情了。

给描述的景象上色上得越详细，对方产生的共鸣就越大，就越能够从记忆之中接连不断地引出话题，话题便不断地延伸。这样就能够打开对方的心扉了。

要想实践这个技巧，也许需要某种程度的才能。不过，我想，无论它是巧妙还是拙劣，只要能够运用起来，就一定能派上用场。

这是通过生动地描述一件逸事逗人发笑，引出深度交流，拓展人际关系的方法，屡试不爽。

让人接受莫名其妙的话的技能

　　我与绅助先生在大阪心斋桥泡酒吧时遇到了这样一件事。吧台右侧，坐着一位大约 25 岁的漂亮女子。她好像正在和同行的男朋友说着休假一起去旅行的事情。

　　当她的男朋友因打电话或其他什么事起身走向外面的时候，绅助先生向女子打了个招呼。

　　"休假要去哪儿？"

　　"结果说的是哪里也不去，就在近处逛逛吧。"

　　"这样可不行。"

　　三天的休假，没有什么特别的安排，打算就这样度过——听到这话的绅助先生，与她展开了这样的交谈。

"人生只有一次，人生中**难得的三天假期，应该如何度过**，这种问题不考虑可不行。什么也不做，普普通通地度过的话，恐怕这三天里的事情还没到半年就会忘记了吧。但是，将这三天变成一生难忘的回忆，如果能做到这一点，你不觉得很了不起吗？"

被这样一问，无论是谁都会回答"觉得"。

女子也点头，绅助先生对她发出了邀请："这样的话，你要不要当一回我的恋人，这三天和我一起去冲绳？"

"我做不到啊，好吓人啊。"她答道。这是理所当然的。

"不过呢，这三天不认识的两个人一起去旅行，也许能获得像电影一样的一生难忘的回忆。所以，回到大阪之后，电影就结束了。与初次见面的人只在一起度过三天，回来以后就回归原来的生活。这三天会让你发生什么样的改变呢？可能会极大地加深对现在的男朋友的爱情。可能会再次认识到他的好。你不觉得，即使从此以后这一生是和他一起度过，对你的人生来说，比起随意地度过这三天之后没留下任何记忆，还是制造一生难忘的回忆更为了不起吗？"

从开始劝说到现在，仅仅 5 分钟都不到，女子却开始萌发出要这么做的念头了。

"拥有一生难忘的回忆，确实很了不起呀。"

她彻底被绅助先生的话吸引了，就像中了催眠术一样。不好，不好，不好，让她再继续当真的话就糟糕了，我这么想着，上前阻止。

"哎，那个，他只是在不负责任地劝你来一场为期三天的外遇旅行，只不过是说起来好听嘛。去旅行，回来之后就会说再见了。快醒醒！"

这么一说，就把她从梦中唤醒了。我干扰了他们，绅助先生一边说着"梶本先生，你在说什么呀"，一边笑了起来。

他从一开始就没想真的带她去旅行，只是期待着她会如何反应。即使我不说，最后他也会用"要是被这样的闲谈骗到了，男朋友就太可怜啦"回归现实的吧。

这就像是从侧面看罐装咖啡的圆柱体，它是长方形的，而从正上方向下看，看起来就是个圆形。同样的话，用不同的方式讲述，听起来也会完全不同。

一开始劝说对方"一起去冲绳吧"，直接遭到了拒绝，然后绅助先生用"试着考虑一下一生之中的三天吧"这样的说辞来步步接近，也就让她逐渐接受了。

对于在综艺节目上拥有让嘉宾席上 8 个人发笑的能力的绅助先生来说，这种谈话就像只对一个人施加催眠术那样简单吧。这件逸事足以让人领略到拥有谈话艺术的搞笑艺人受欢迎的原因。

这种谈话的能力一般人怎么也模仿不来。但是从中我们可以参考的是，通过使人改变视角看待问题，而获得新的进展。

当在某些事上陷入僵局的朋友来找你商量的时候，虽然无法解决具体问题，但通过帮他改变视角，或许能使其摆脱固执的想法。

为什么虚假的推销根除不了？

在说服人接受莫名其妙的提议的技巧之中，还包含着下面这种**"话题偷换"技巧**。

休息日时，绅助先生收到了朋友去夜总会的邀请。要是老老实实地问太太"我可以去夜总会吗"，有很大的可能会遭到反对。

于是，绅助先生提出了以下的问题。

"呐，我现在要去夜总会，你打个电话预约一下。"

"你是傻子吗？为什么我就必须打电话啊！"

"打个电话而已，也没什么嘛。知道啦。那么，我来打电话。"

虽然听上去有些不可思议，但这却是绅助先生与太太之间实际发生过的对话。

如果绅助先生一开始就问"我可以去夜总会吗",很容易遭到反对,就此终结对话;而故意拜托对方"我要去夜总会,你打个电话预约一下",就会得到"为什么是我!"的回复。

太太呢,原本应该为"去夜总会"这件事而生气,却变成了为"被要求打电话预约"这件事而生气。

就是这样,通过改变争论点,不知不觉地,就轻而易举地达到了去夜总会这个最大的目的。

当然,使用这种技巧需要一边观察对方的反应,包括腔调、时机等,一边进行对话。使交谈中的论点不知不觉地发生偏离,有意识地做到这一点是需要技术的。

能极其自然地使出这样高超技术的绅助先生,只能称之为"天才"。而掌握了这种技巧,毋庸置疑,在商业世界也能获取成功。

不过,这样的技巧,有时也被滥用于信誉不佳的推销等方面。例如,有人会被推销员的话术蛊惑,出几百万日元买下并无多大价值的壶,或者办理高达几十万日元的贷款去购买被褥、锅具之类。

这种谈话技巧，是从"对对方来说看上去最美好的角度"来进行劝说，正好能获得"共鸣"。

只要能够做到这一点，让人接受你的话就很容易了。虚假的推销怎么也根除不了也恰恰反映出这一话术之有效。

有接受这种说辞的人，也就有善用这种说话技巧的人（滥用的话就是"欺骗"了）。绅助先生在这面很特别，天赋异禀。但我不认为使用推销话术的销售员天生就拥有这种才能。

只要掌握了谈话的诀窍，即使不是天才，也能够掌握相应的技巧。

避免用力过度

对于思路只相当于"普通发动机"的我们，想要与拥有"法拉利发动机"般大脑功能的绅助先生做到同样的事，就不能把油门一下子踩到底。

在演艺界，有艺人会通过这样的做法获得偶然的成功，然后就会成为"昙花一现艺人"。他们偶尔把油门深踩到底，赶上了一波时代潮流，人气会迅速爆发；但是发动机过热的话，这一切也会马上结束。这就是勉强行事的结果。

即使掌握了某种技巧，也不等于说仅仅凭借这个技巧，就能一辈子保持轻松的人际关系，避免"人际关系疲劳"。

对于公司职员来说，那些拥有优异的销售业绩的人，在进行销售或面对客户的时候，才把大脑的"油门"深深踩到底，让发动机运转直至极限。

不过，我们不能持续保持这样高度的运转，那样的话不久就会变得痛苦不堪，因为大脑会疲劳。

在人际关系的构建上也是如此，努力奋斗、开足马力地去做的话，或许能一下子扩大人脉，甚至也可以与难以取悦的人和谐相处。不过，凭借 120% 的努力持续奋斗，发动机就会因过热而损坏，所以我不能建议你们这样做。

靠 60% 左右的力量来争取 80% 的成果更有效率，更能长期坚持下去。从整体来看，这样做的效率是最高的，人际关系疲劳带来的困扰也会减轻。

没必要取悦所有人

　　绅助先生做主持人的时候，尽管说了那么多话，动了那么多脑筋，却不会疲劳，这是为什么呢？

　　当然，他的大脑仿佛搭载了高性能的"法拉利发动机"是其中一个原因，但还有其他的理由。

　　如果去看看他当时的电视节目，就会注意到他几乎很少是直面摄像机说话的，他所做的是试图逗坐在嘉宾席上的人发笑。

　　本书的前面也曾简单谈及过，绅助先生的精力集中在引发出 8 位嘉宾的共鸣，使其发笑，**而不是直接让 1000 万乃至 2000 万名电视机前的观众发笑**。

　　只要让参加宴会的 8 个人发笑就可以了，观众看着这场宴会也会笑出来。绅助先生正是抱着这样的想法。

发掘嘉宾席上的表演者的个性，获得他们共鸣的笑，笑的感染力也会在观众中蔓延开来。这是极其高效的方法。虽然绅助先生拥有的是"法拉利发动机"般的大脑，但他也不会勉强自己超负荷运转。

即便是这样的绅助先生，在舞台上要面对许多人时，好像也会感到疲劳。

我在大阪大学时，要面向经济学部的 600 个学生讲授风险企业的创建。那时，我邀请了在大阪北新地经营高级俱乐部的朋友，请他发言。

这个经营者也是绅助先生的朋友，所以我也向绅助先生发出了邀请："绅助先生要不要也来啊。"绅助先生却以这样的理由拒绝了："有 600 人这么多啊，我做不到呀。在人前露面我会紧张的。"

我想，这是他的真心话。虽说只是支持朋友的演讲而露个面，但是出于他敬业的精神，要引出多达 600 名学生的"共鸣的笑"绝对不简单。

从大约 40 年前的漫才（日本相声）热潮开始，绅助先生就没有把逗笑所有的男女老少作为目的。因为绅助先生的触发笑的本质是"共鸣的笑"，**要获得共鸣就必须缩小受众群体。**

　　而我们日常生活中要同时面对的交谈对象，充其量有 10 个人吧。

　　所以可以认为，绅助先生最为拿手的引发"共鸣的笑"，我们在日常交流上也可以借鉴。

"顺其自然"也能让人共鸣

总之，为了避免因为人际关系产生的疲劳，重要的是"**不勉强自己**"。

主持人时期的绅助先生，一直羡慕的人是所乔治。

绅助先生说："作为主持人他很了不起。在电视节目中不勉强自己的人，我还是第一次见到。"

"所乔治闲谈、搞笑的能力本身并不突出，却绝对不勉强自己。他没有想要强迫自己逗人笑。尽管如此，他的节目我却能看到最后。"绅助先生说。

听他这么说后，我也去看了所乔治的节目。确实，所先生并没有刻意地逗对方笑。但是，这种轻松甚至随意的氛围，大家都享受在其中。

恐怕所先生也知道自己的个性和才能是什么吧。能说出更有趣的事的人有很多，因此，他也不想喋喋不休地逗人发笑。他以本来的样子说话时就显得非常放松了。

这样一来，自然而然，大家就可以因为这种轻松的氛围愉快地观看节目。大家也会因为轻松而产生共鸣。并不是只有笑才是共鸣唯一的秘密武器。

所先生并没有对人展示自己的软弱之处，也没有逞强地要引发别人笑。正是他"**不勉强自己不是也很好吗**"这种态度，让人们产生了共鸣。

一般情况下，电视节目录制时会一次拍摄 2 周的节目，所以导演会要求演出者更换服装。而所先生好像认为换服装也很刻意。观众对于所先生轻松随意的工作姿态，也是满含着羡慕和欣赏而与他产生共鸣吧。

所先生的这种才能，似乎难以用语言来表达，也不能使之诀窍化。在这一点上，或许就如绅助先生所说的，他可能是个"真正的天才"。

一般人即使模仿所先生，也可能找不准让人共鸣而笑的方向，甚至会适得其反变成"邋遢又懒惰的大叔"。然而，在"不勉强自己""自然而然"等方面，所乔治先生确实是无可挑剔的榜样。

事实是，我们不太会被看上去有攻击性的人治愈，长时间与他们待在一起会让人感到疲劳。如果能用顺其自然的态度让对方与你产生共鸣，对方的防御心也会自然地缓和下来，这时你们之间的人际关系疲劳也就难以产生了吧。

俯瞰视角能提升理解力

　　绅助先生在对事物的理解力上出类拔萃，表现出色，这也是他的特征之一。实际上，他在进入搞笑领域之前，似乎就已经展示出了特殊的才能。

　　让我印象极其深刻而记得很清楚的，是他高中时代的逸事。

　　据说，在临近毕业的某天深夜，他与伙伴们一起骑着摩托车游览京都岚山到高雄的林荫大道。这是能够将京都市内夜景一览无余的胜地。

　　那时绅助先生说了这样的话。

　　"这个夜景要好好记住哟。我们还是小孩子，所以京都的街市看上去都非常大吧。不过，将来我们成为大人之后，京都的夜景看上去一定就会变得小小的。"

光是这几句话就足够让人感受到他的非同凡响，不知为何，绅助先生提出在摩托车停放区"生个篝火"。

当时他们是在森林中的广场上，生篝火存在火势蔓延累及周围树木的危险。"要是着了火，不就糟糕了吗？"有人大声说，而绅助先生紧接着说了下去。

"是的，会很糟糕。但是，如果点起篝火来，这会成为一生的回忆了。我们不能够建造大富豪的房子，却能够烧了它们（笑）。点燃了房子可能有人会伤亡，而在这里点火没有人会受伤，对吧。我们不是在山里放火，仅仅是生个篝火，所以本来就并非想做坏事。即使不小心把周围的树木烧掉几棵，那也是可供谈论一生的回忆。"

据说，他这么一说，就把大家都说服了。结果就是，他们把落叶聚集在一起之后，巡逻车就来了，此事以点篝火未遂告终。

从绅助先生的高中同学那里听到这个故事时，我受到了冲击。这样的**纵观现在和未来俯瞰全局的视角**，对高中生来说不是那么**容易拥有**的。

即使回顾我的高中时代，也无法想象我会因为想到将来的自己，从而想要创造属于高中时代的回忆，也不会有"成为美好的回忆"这一理由做点什么的想法。

绅助先生**不仅能从俯瞰视角来观察人与人的距离，还能俯瞰时间的推移和发展**，这是从他高中生时代就已经意识到的；同时我们明白了，在对事物的理解力上如此出色这一点，或许也是天赋之才。

不过，据说绅助先生在三十年后与昔日的伙伴们去了当时想生篝火的地方。结果是，他年少时所说的"成为大人之后看上去就会变得小小的"的京都街市，却得到了彻底的开发，和过去相比反而变大了。

用 60% 的努力达到 80% 的效果的"工作记忆"是什么？

打棒球的一朗选手在做投接球训练时，有时强有力地投球，有时投弧线球，每一球都是认真确认自己的意图后投掷出去的。对于基础练习，他绝不敷衍了事，这是他之所以成为一流中的一流的原因。

能够将基础贯彻始终，规规矩矩地完成看似不足为奇的事，仅凭这一点就可以被认定为有实力的人了。

在这个意义上，**交流的基础中的基础，就是倾听对方说的话。**"善于倾听"，就是对于基础不敷衍了事这一态度的证明。

投接球的基本要领，是要朝着对手的胸口准确地投球，自始至终目光不能离开球；接球时保持身体正对着球。以此为前提，一朗选手试验了各种各样的投球法与轨道。

参考投接球的基本练习，我们在倾听对方说话时，练习一边倾听一边读取对方表情与话题中的"言外之意"，与一朗选手练习时采用的方法就很相似。

实际上，绅助先生超常理解力的来源，不仅在于对事物独特的看法，还在于他读取"言外之意"的能力。

这种能力，与大脑"自上而下"的信息处理方式有很大的关系。这是试图在俯瞰全体之后对信息高效地进行处理的做法。

还有一种信息处理方式是"自下而上的处理"。它试图将信息一个接一个地按照顺序积累起来再进行处理。当然，"自上而下的处理"效率更高。

本书也建议凭借60%的力量追求80%的成果，而要实现这种方式，正是对自上而下式处理的灵活运用。

承担这种"自上而下式处理"的，是大脑的"工作记忆"这一功能。

近年来，在认知心理学、脑科学、医学等许多领域，有关工作记忆的广泛研究进展顺利。

这并不代表运用了工作记忆，就能弄清一切。但我认为，无论是要成为"善于倾听的人"还是想要避免"人际关系疲劳"，"工作记忆"的使用与锻炼都显示出重要作用。

工作记忆的概念、运用与锻炼方法等，将在下一章进行详细的说明。

第四章的要点

□ "笑"的作用

多次发生"共鸣的笑"，会使双方产生眷恋之情，变得更亲近。

□ 比对方的思绪"抢先0.5秒"

能说出"对方即将想要说的话"，能产生强烈的共鸣。

□ 学习落语家的话术

尽可能具体地描述事物，使听的人能联想到对应的形象。

□ 尝试从新视角来交谈

试着思考最容易让对方接受的说话方式。

□ 避免成为"昙花一现"

为了避免过度努力后力竭，用 60% 左右的努力持续输出。

□ 能产生共鸣的不只有"笑"

保持既不向人展示自己的软弱之处，也不刻意勉强自己的自然状态。如果让对方对这种轻松状态产生共鸣，对方的防御心也会松弛下来，就能建立起不易产生"人际关系疲劳"的关系了。

用 60% 的努力达到 80% 的效果的
工作记忆

开车时充分运用工作记忆

人类在进行某项活动的时候，**是凭借着过去经验的记忆，来同时处理两件以上的事务的。**

举个典型的例子，汽车的驾驶就是如此。

驾驶汽车时，需要用眼睛判断自己的速度、车与车的间距，留意信号标识以及道路状况等，再由大脑判断要如何驾驶。

同时，还必须用耳朵留意其他汽车的声音与喇叭声，还要用手控制方向盘与转向灯，用脚来操作油门与刹车。

如果是在居民区密集的道路上，在没有信号灯的交叉口，还很有可能会突然有行人冲出来。假如以前开车时有过被突然出现的行人吓出一身冷汗的体验，那么日后即便是在别的情况下，开车时也会更加注意，总是要通过拐角的反光镜确认路况，松开油门，随时做好刹车的准备。开车要同时进行这么多项操作。

所谓工作记忆，就是像开车这样的一边接受即时信息（短期记忆），一边将它与过去的记忆、经验、理解（长期记忆）结合，得以同时进行、思考两件以上事务的大脑工作状态。

"这个行人会不会突然冲出来？""这辆自行车会不会摔倒？"诸如此类的对风险的预判，同样是大脑基于过去的经验在进行处理，依靠的也是工作记忆。因此，越是这种能力发达的人，就越少发生交通事故。

你们知道一款叫作"太鼓达人"的和着音乐敲击太鼓的游戏吗？

这款游戏于15年前在游戏中心问世后，积累了大量人气，现在它的家用游戏机版本与手机应用版都长销不衰。

这款游戏要求玩家进行一边听音乐判断节奏，一边敲击太鼓的双重任务，而这也是在运用人的工作记忆。

也就是说，同时进行两种以上的动作，就是积极调用工作记忆，有利于大脑的训练。所以，"太鼓达人"甚至也被用于认知症患者的大脑康复训练。

人们交谈的时候，工作记忆也在工作。我们谈话的时候，之所以能够一边在头脑中思考一边表达出来，多亏了工作记忆在发挥作用。

这个过程好比将相关的经验和记忆，从大脑中各个角落的"仓库"里提取出来，暂时保管在大脑的某个部分。而做出"从哪个仓库收集什么样的记忆信息""从哪个话题开始展开交谈呢"等判断的，就是工作记忆。

同样，与人交流是展示人脑的工作记忆的情景。与此同时，交谈也是锻炼这种能力的机会。

锻炼工作记忆能预防"人际关系疲劳"

如果根据保存的时间来给"记忆"分类，那么可以分为两种：只能短时间保持的**"短期记忆"**，与可以被长时间保管的**"长期记忆"**。

我们一般称作"经验"的，就是长期记忆。"经验"不只是指自己直接体验过的事，从电视、杂志、网络等处了解的事，以及形形色色的知识，都是"经验"。

我们在生活中，除了依靠每天都产生的短期记忆，还会参照例如"去年这个时候的情况是什么样的呢"这样的长期记忆。

而依靠工作记忆，我们会拥有**"同样的经验之前也曾有过"**这样的意识，使短期记忆与长期记忆密切地联系起来。

在与人交流上，工作记忆也是非常重要的。

与人交谈的时候，一般人们都会在脑海中浮现出几个相关联的话题。例如，与初次见面的人交谈时，假设展开了以下这样的对话：

"今年夏天好热啊。"

"真的就好像变成了热带国家一样呀。"

"突然就下起倾盆大雨来了，真糟糕。就像热带的骤雨一样呢。"

"伞之类的都派不上用场。这么说来，外出吃午餐的时候……"

交谈得以维系，是因为有与话题相关联的经验浮现在脑海中，使话题一点点展开。

能够在交谈中不失时机地抛出恰当的话题，正是工作记忆在活跃地工作，将合适的话题从储存在大脑仓库里的记忆中抽取出来，巧妙地做好准备。

因此，如果拥有强大的工作记忆，并且它们能够活跃地工作，就能够敏捷地提取出形形色色的话题，也就很容易获得人们"共鸣的笑"了。

但是，当我们没有把握好与对方的距离感，不了解话题是否合适时，工作记忆就无法顺利地运行了。因为我们无法准确判断该调取出什么样的记忆才好。

从脑科学的观点来看，工作记忆的能力优秀，也就意味着能巧妙地调用大脑功能，省力又高效地从事复杂活动。

如此重要的工作记忆，就像通过训练提高运动技能一样，可以通过把它养成习惯与增加经验而使它得到强化。

锻炼工作记忆，与人的交谈就会变得更顺畅，能够更有效地避免"人际关系疲劳"。

为"记忆文件夹"做好分类

一种可以日常训练工作记忆的方法，是**有意识地建立"记忆文件夹"。**

假设有过下面这样的体验吧。

去观看电影《新·哥斯拉》的时候，在一群边说着"好可怕啊、好厉害啊"边往外走的观众之中，有一位中年女子，双眼通红，正在哭泣。

《新·哥斯拉》是成人观众能够接受的怪兽电影，而不应该是会引人这般哭泣的电影。

虽然不知道为什么她在哭，但因为觉得过于奇怪而对那位阿姨留下了"真奇怪啊"的印象。我们假设遇到了这样的情形，那天留下的印象连同那个奇怪的阿姨，一起被收进了"电影"或

"电影院"之类的记忆文件夹。这是一般性的记忆方法。

之后，在聊到有关电影的话题的时候，每当谈起"之前我去看了《新·哥斯拉》"时，就有可能触及关于表现怪异的阿姨的记忆。

当"电影"这一关键词打开你的记忆文件夹时，工作记忆会引出与之相关联的记忆，《新·哥斯拉》或"奇怪阿姨的故事"就能登场了。

而交流达人则会建立一个**收集"太怪异了"这种情感的文件夹**，把对阿姨的记忆归于其中。

也就是说，交流高手不是把对阿姨的印象放进"电影"文件夹，而是**把自己的记忆文件夹按照"感情"分类**。

这样一来，当与人交谈时提到"奇妙的故事"或"难以理解的故事"的话题时，先前被放进"太怪异了"情感文件夹的阿姨的故事，就能以"之前我在电影院"为话头讲述出来了。

想象一下，对方听到这样的讲述时兴致盎然的样子吧。

聊电影的话题时，比如"最近看过的电影"啦，"描写政治家与官僚的电影""有战斗场面的电影"啦，聊一聊《新·哥斯拉》会很妥当。

但是，在聊电影聊得气氛高涨的时候，"阿姨的故事"与之并无关联。在交谈之中，尽管都是轻松的闲谈，但要是硬要说起与话题无关的事情，也有可能给高涨的气氛泼一盆冷水。

然而，在以"奇妙的故事"或"难以理解的故事"为聊天话题时，"太怪异了"的情感记忆就完全适合这个场合。这时以"之前，我在电影院"作为开场白讲述奇怪阿姨的故事，就可以在不改变现场氛围的情况下，不断扩大话题。

所谓的话题丰富又有趣的人，就是不会打断话头或泼冷水，能够提供完全适合当时交谈氛围的故事的人吧。

要想做到这一点，将记忆文件夹按照感情分类是非常有效的。

瞬间检索大脑的信息

为什么按照感情将记忆分类是更有效的呢？

对于电脑来说，只要增加硬盘，电脑的储存容量就能不断增加；而人类并非如此。人要把输入的信息全部记下来是不可能的，因此，为了让信息变得紧凑，必须将它们进行整理并记住。

我们在记忆信息的时候，要经历以下三个阶段组成的过程。

1. 识别——联系关键词、重要度；

2. 保持——作为记忆保管在头脑中；

3. 再现——根据不同的情景对记忆进行检索。

为了使信息的处理高效化，工作记忆进行着"添加记忆标签"的作业。

例如，从"智能手机"这个词展开联想，可以想出各种各样的关键词。

有的人的头脑中，会浮现出诸如"iPhone""话费""苹果""史蒂夫·乔布斯""照片""Facebook""充电器"吧。像这样联想到的关键词就是"记忆标签"。

如果在记住一条信息的时候，为其添加两个以上的个性化的"记忆标签"，那么当需要这条信息的时候，工作记忆就能够做到迅速检索出来。

当我们记住信息的时候，信息首先是作为短期记忆被保存在脑中的。这个时候标签还没有被添加上去。

所谓"添加记忆标签"，是工作记忆的一项功能，是大脑为短期记住的信息设定关键词与重要度的作业。这么一来，被添加了标签的信息，由大脑判断出是重要的，便作为长期记忆保存在大脑之中。

如果根据标签对记忆做了整理，那么检索也能在瞬间进行。

正如你所想象的，这个所谓的"记忆标签"，换句话说，就是文件夹的名称。通过改善记忆文件夹的分类方法，就能够做到在适当的场合下瞬间将其检索出来。

记下产生强烈情绪的事情吧

添加记忆标签，是强化工作记忆的基础行为。这一小节将讲述如何高效地添加记忆标签。

其中秘诀就是记住**"令人触动的事"**。也正是因为如此，按照感情来分类的记忆文件夹才特别地有效。

具体的操作方式是，先把"记忆"根据保存期限分成"短期记忆"与"长期记忆"两种。

另外，如果将"记忆"按照性质类型来分类，可以分为**"情景记忆"**（个人体验过的事情）、**"语义记忆"**（通过学习或书本获得的一般性消息、知识）以及**"程序记忆"**（多次重复相同的行为，由身体记住的操作）三种。

其中与添加标签关系紧密的，是"情景记忆"和"语义记忆"。

例如，拿"西瓜"来举个例子。"葫芦科的果实，果肉是红色或者黄色的，水分丰富"等信息就属于语义记忆。虽然意识不到是什么时候记住的，却不知不觉地知道了，这也是语义记忆的特征。

与之相反，"孩提时代，一放暑假，我就会在奶奶家的檐廊上吃西瓜。吐瓜籽是件很快乐的事啊"等，能清楚记得是什么时候、在哪里、发生了什么样的事、有何感受等，情景与故事兼具，就是情景记忆。

语义记忆作为知识与教养是必要的，而在交流方面，可以作为聊天的素材的，当然是情景记忆。

前面所说的以西瓜为例子的标签，有暑假、奶奶的家、檐廊、瓜籽等，实际上它们带来的"快乐"这种心情才是最重要的标签，它为使这个情景牢固地扎根在脑海中作出了贡献。

通过添加感情标签，这个情景被牢牢地记在脑海中了，交流的时候就可以在适当时候瞬间调动信息。

科学研究也可以用来解释这种现象的原理。

大脑中负责短期记忆的是"海马体"。海马体每时每刻都将大脑接收到的、被判断为"这很重要"的信息向大脑皮质转移。这些内容被作为长期记忆保存了起来。

要说大脑如何决定信息是否重要，首先，被反复输入的内容会被判断为是重要的。还有，研究已经发现，位于海马体下方的"杏仁核"这一器官，与信息重要性的判断有很大的关系。

杏仁核负责高兴、忧伤与"喜欢／讨厌"、"愉快／悲伤"等感觉，并将这种感受直接传达给海马体。

也就是说，在输入大脑的信息之中，由于伴随强烈的喜怒哀乐与震撼内心的感动而被记录下来的部分，经历了这样的程序：**杏仁体察觉到情感→海马体判断是否重要→向大脑皮质转移→变为长期记忆。**

"快乐""悲伤""舒适""恐怖"等，将记忆按照感情放进不同的文件夹，显然是添加情感记忆标签的方法。

也就是说，经历让你产生某种感情的事件时，将这种记忆保存在对应的感情文件夹，那么记忆内容就会加深、强化，需要输出记忆时就能进行高效的检索了。

"感情文件夹"是交流的最强工具

只是将信息"识记"和"保存",是无法运用工作记忆的功能的。记忆不调动出来就发挥不了作用——因为什么也想不起来。

因此,锻炼大脑的工作记忆的时候,重要的是要同时训练将记忆"再现"能力。

调动记忆需要通过"再现"与"再认"两种方式。

所谓"再现",就是"在无提示的情况下想起来";而"再认",就是"借助提示、选项等依靠联想而想起来"。

年龄越大,"再现"的能力越差,而"再认"的能力就不太受年龄的限制了。到了四五十岁的时候,诸如"那个、那个……""话就在嘴边却……"这样的健忘的情形就会越来越多。

若是给出几个选项,让人在三个选项中选一个正确的,或者只要给出提示，马上就能想起来；但光是凭借自己的力量却说不出来想说的东西。随着年龄增加，我们经常会这样清晰地感受到大脑在衰老，但对于强化大脑工作记忆而言，仍然需要训练在无提示的情况下想起来的"再现"的能力。

因此，重要的是，前面所说的"记忆是否与感情相连"。因为，记忆在添加了喜怒哀乐等感情标签之后，很容易促成"再现"的发生。

相比于通过学习或读书所得到的知识与记忆，自身体验过的有着丰富情感体验的记忆——成功也好，失败也好——对任何人来说都更容易想起来。

将记忆按照不同的感情归入相应的文件夹，是强化工作记忆的基础。与此同时，如果平时就留心按情感类别收集记忆文件夹，那么就算是面对初次见面的人，也不会在话题上感到为难，所以它成了与人交谈的最强工具。

这样展开话题，也更能做到俯瞰全局、看清状况，因此也就更能把握人际交往的距离感，不必再经历无用的"人际关系疲劳"，就能完成社交了。

马上就试试把建立感情文件夹变成日常习惯吧。伴随着年龄增长，充沛的感情也变得难以发生，因此，意识到这一点并制作

感情记忆文件夹，是有必要的。

实际上，教给我"感情记忆文件夹"方法的，也是岛田绅助先生。据说，他从二十岁的时候就开始有意识地进行实践了。

十多年前的时候，我刚认识绅助先生，那时他就频繁地对我说："梶本先生，你得感受到充沛的情感啊。""没有情感可不行，下次到我这儿来。"至今我对此仍记忆犹新。

当时，我曾和绅助先生的朋友们去淡路岛，在游艇停泊处玩踢罐游戏与躲避球游戏。

"上小学时，一门心思玩耍的时候是最快乐的，对吧？如果长大成人后还能够这么做，不觉得是很了不起的事吗？"

听绅助先生这么一说，大家都认真地玩了起来，都拿出了受伤也不在乎的气势，尽情踢着罐子、投着球。这是比在海面上驾驶游艇开派对快乐得多，也令人感动得多的体验。

绅助先生平时容易受感动而流泪。他**通过强烈的感动之情，留下了了不起的回忆**。

"上了年纪，感动就会不断减少，真遗憾呀。"这是他的真心话。要有意识地使自己保持一颗能够感动的心，并且依靠心动来制作充满感情的记忆文件夹。

自上而下地处理信息

还有一个推荐给大家作为训练的方法，是"自上而下式地处理信息"。这也是因为受到了工作记忆的启发。

就像上一章的最后简单提到的那样，大脑处理信息的时候，与把信息一条一条按顺序积攒起来再进行处理的"自下而上式处理"相反，而是采取先俯瞰全体再对具体信息高效处理的方法，也就是"自上而下式处理"。

以下面这种情况为例，"虽然钱包就在家里，但是找不到放在什么地方了"。有一种做法是从玄关开始，把每个房间、每个角落一个不漏地按顺序查找。这是"自下而上式处理"的方法。

与之相对的，大脑中先判定一个范围"可能在这一带"，先确定大致方向再搜寻的做法就是"自上而下式处理"。"刚才一只手拿着钱包，打开了冰箱；在这之前做了……"像这样一边回忆，一边寻找有可能放置钱包的位置，效率也会比较高。

大家知道绘本《找出沃利》吧。

每次翻开书，就要在成百上千个画得很小的人物中，找到穿着红白条纹衣服、戴着帽子和眼镜的沃利。如果用自下而上式的处理方法，就会从头开始一个人一个人地确认。那可相当累人呢。

但是，如果你了解沃利的性格，就会知道"他很聪明，所以不会待在危险逼近的场所"，等等，便可以快速在画面所描绘的故事场景中寻找到他了。

听别人说话的时候，要是像一字一句听写那样拼命地凝神倾听，不一会儿就会感到疲劳。

重要的是，抓住对方在说什么。只要简要地掌握其内容，就能够轻松且准确地理解对方的话了。也就是说，自上而下式的处理信息在交流上起到了非常重要的作用。

通过积累经验，运用能够同时进行两件甚至更多任务的工作记忆，那么一边从全局视角观察一边进行谈话的自上而下式处理信息的能力就会不断提高。

已经被研究得知的是，自下而上式的处理信息的能力，从 25

岁前后会随着年龄增长一点点下降。

而运用工作记忆的自上而下式的处理方法，相当于全面地看着整体，使记忆力分散到不同方面。所以，锻炼这样的信息处理能力，逐渐就可以避免大脑疲劳的蓄积。

自上而下式处理信息所引发的误会

　　如果试着给日常的对话录音，之后一听就会发现对话语法混乱，若不加修改就不成文章。但是，人们依然能完成对话，这是因为大脑强有力的自上而下式信息处理功能在发挥作用。**它是自然而然地完成的，所以不会让人疲惫。**

　　不过，要是对话时说的是并不擅长的外语，自上而下式的处理方式反而会导致失败。

　　我自己就有过这样的体验。

　　与家人去澳大利亚的时候，我们曾去过一家铁板烧餐厅。隔着铁板坐在我们对面的，是一家六口的澳大利亚人。

　　主厨来了，问对面的一家人："How do you want your meat

cooked?（肉要烧烤到什么程度？）"于是对面每个人分别做出"三分熟""一分熟"之类的回答。

主厨来到我们这边，也说了些什么。我想，他应该会问同样的问题吧，不出所料，又听到以"How…"开头的句子，所以我当即回答"三分熟"。没想到话刚一出口，对面座位上的男孩子将正在喝的果汁喷了出来。

他的父母也因为忍着不笑出来而脸部轻微抽动着。

主厨放声大笑，重新又问了一次。

"How is your stay going?（你们在澳大利亚玩得开心吗？）"

因此，我总算明白了少年笑得喷出果汁的原因。

在嘈杂而难以听清的状况下，对于不擅长英语的我，采用了自上而下式的方法、依靠工作记忆来处理信息，仅仅将对话开始的"How"作为判断依据，预判对话的内容。

虽然用自上而下处理信息的方法与人谈话，偶尔也会发生像这样的误会，但是用自下而上式的方式想要听懂每一个字，人也会疲惫不堪吧。

擅长英语的人和说日语时的我，靠的是让工作记忆发挥作用，对听到的信息尽可能高效地进行自上而下式的处理并进行交谈，所以不会产生疲劳。

锻炼工作记忆的习惯

那些产生"人际关系疲劳"的人，是不是在追求毫无差错的完美交流，尽全力地对所说的内容进行自下而上式的处理呢？或者，**是否被必须要和初次见面的人融洽相处这种责任感驱使呢？**

正如之前所说的，交流中你并不需要达到完美，这一点也正是人情味的体现，会让人容易对你产生眷恋之情。当然，在交流中尽力是很重要的，但如果在错误的方向努力，疲劳就会一直蓄积下去。

所谓"更轻松地进行交流的方法""更不容易疲劳地打造人际关系的方法"，就是巧妙地活用工作记忆。

在本书的最后，为了训练工作记忆，我来总结 3 个值得大家养成的习惯。

1. 制作情感文件夹并记下来

从多方面看待事物，带有标签越多的记忆，检索起来越容易。也一定要制作"开心""难过""吓我一跳""心满意足""遗憾"等情绪的记忆文件夹。

情感文件夹里收藏的记忆信息，在交流时可以被恰当且快速地调出。即使在生活中或者职场上发生了让你生气的事，只要想着"情感文件夹的素材又增加了一个"，怒气也会变轻一些，不是吗？

2. 增加面对面的交流

比起通过邮件或社交软件进行交谈，直接面对面地对话，对于锻炼工作记忆来说特别有效。

面对面交流的时候，一边倾听、理解着对方说的话，一边从经验或记忆中抽取出自己的意见传达给对方吧。通过这种交谈，工作记忆得到了锻炼。

乍一看，我们会认为通过社交软件或邮件交流更轻松，其实这样容易形成潜在的问题，而且由于无法将本意准确地传达给对方，也很容易招致误解，仅仅就这一点来说，社交软件也成了形成人际关系疲劳的一大原因。

3. 培养多种爱好

无论是谁，都会对自己的爱好抱有兴趣、产生丰富情感的。散步或者寻访美食这样有着实际行动的爱好就足够了。

还有，除了工作伙伴与家人之外，拥有相同爱好的伙伴这样无利害关系的友谊也是很好的事。想说话的时候就见面，想一人独处的时候就离开的朋友是最好的朋友。

"不需要一直保持往来的关系。"越是关系轻松的朋友，某种意义上，越是能够按照自己的节奏乐在其中，与之交流的负担就会变轻。

我想，在与这样的朋友交往之中，如果能够巧妙地活用工作记忆，就能轻松地掌握人际关系的要领了。

远离大脑疲劳，打造轻松适度的人际关系吧。

第五章的要点

☐ 锻炼"工作记忆"

通过同时进行两个以上的事项，训练大脑。

锻炼工作记忆，就可以用不费力的交流来预防"人际关系疲劳"。

☐ 整理"情感记忆文件夹"

将记忆按照不同情感进行分类，就很容易抽取出适合当时气氛的话题了。

☐ 有意识地添加记忆标签

当想记住什么的时候，为它添加上个性化的"记忆标签"，能够提升工作记忆的检索速度。

☐ 强烈地表现出喜怒哀乐与感动

"喜欢""讨厌""舒适""恐怖"……充分地表达自己的感情，

让情绪留下强烈的记忆吧。

□ 活用"自上而下的处理方式"

只简要地把握对方说的内容，交流就会轻松得多，不会让人疲劳了。

□ 更轻松地进行交流

通过"制作感情文件夹""面对面交流""根据爱好结交相处起来轻松愉快的朋友"，充分发挥工作记忆吧！